N°. 71..

SUITE DE
VUES PITTORESQUES
des
Ruines de Pompeii
ET UN PRÉCIS HISTORIQUE DE LA VILLE
avec un plan des Fouilles qui ont été faites jusqu'en Février 1819.
et une description des Objets les plus intéressants.
par
Henry Wilkins
ROME 1819.

PREFACE.

De tous les événements qui ont marqué le dix-huitieme siècle, la découverte d'Herculaneum (1) et de Pompeii est sans contredit un des plus intéressants. Ces deux villes, ensevelies depuis plus de mille six-cens ans, et dont on ignoroit jusqu'à la situation précise, furent enfin retrouvées, et la découverte enrichit les Musées de Sa Majesté le Roi des deux Siciles d'une infinité d'objets également rares et précieux, qui s'augmentent chaque jour par les fouilles qu'on ne cesse de faire à Pompeii.

Malheureusement la qualité de la matière dont Herculaneum fut accablée, et la crainte de nuire aux fondements des maisons de Portici et de Resina, situées immédiatement au-dessus, ont fait depuis long-tems cesser les excavations dans ce quartier; mais l'on continue de découvrir de plus en plus la ville de Pompeii, dont on a déjà débarrassé une grande partie; l'on se promène dans les rues, l'on entre dans les temples et l'on s'instruit, pour ainsi dire, de la vie privée des anciens, dans les maisons mêmes, qu'ils ont habitées.

---

(1) La découverte d'Herculaneum fut antérieure de beaucoup à celle de Pompeii, où les premières fouilles se firent en 1748 par ordre du Roi Charles III. Comme dans cet ouvrage il est uniquement question de cette dernière ville, je ne parlerai point de la première.

C'est donc vers Pompeii que se dirigent les pas des nombreux voyageurs qui fréquentent les environs de Naples, et il n'y en a guère aucun, qui après avoir vu en passant les ruines d'Herculaneum, ne se hâte d'arriver à Pompeii, afin d'examiner avec plus ou moins d'attention les monuments de toute espèce qui s'offrent à sa curiosité.

L'intérêt avec lequel on contemple les restes de Pompeii n'est peut-être pas moindre que celui qu'on éprouve en parcourant ceux de Rome, mais il est d'une autre espèce. Les monuments de Rome sont presque tous plus ou moins liés avec les principaux événements de son histoire; leur vue nous les rappèle et notre enthousiasme s'accroît par l'idée que nous nous trouvons sur la scène de ces actions héroïques, de ces traits de vertu et de dévouement dont la simple lecture nous a si souvent ravis. Il n'en est pas de même à Pompeii; cette ville n'a point joué de grand rôle dans les siècles de l'antiquité, et ce que nous savons de son histoire (si nous exceptons la singulière manière dont elle a peri) est trop peu pour exciter de grandes émotions à la vue de ses ruines; ou peut-être ces émotions sont-elles trop générales pour ne pas être passagères.

Cependant on ne peut s'empêcher d'être ému en entrant dans l'enceinte de cette malheureuse ville; la plus vive curiosité s'éveille, et le voyageur s'empresse d'examiner, non des restes mutilés de monuments à-peine reconnoissables, mais des bâtiments parfaitement conservés et qu'on ne peut voir qu'à Pompeii.

C'est ce que j'ai moi-même eprouvé, toutes les fois que je m'y suis rendu, à la suite d'une permission d'y faire des esquisses. Je n'avois point alors l'intention de les publier, mon unique but étant de me ménager un souvenir de mes visites à Pompeii; mais ayant montré mes dessins à quelques uns de mes amis, ils se sont plu à les trouver assez corrects, et m'ont témoigné le désir que je les présentasse au public. Depuis que je me suis rendu à leurs souhaits, j'ai jugé à-propos d'ajouter un plan de la ville et des fouilles, une carte topographique des environs de Naples et du Vésuve, et une courte description appliquée à chaque planche. Je me flatte qu'on me saura gré d'avoir donné aussi les deux lettres de Pline, où est peinte si vivement l'horrible éruption qui détruisit Pompeii.

Je me permets ici de relever une erreur dans laquelle sont tombés la plupart de ceux qui ont publié les monuments de Pompeii. Ils les ont presque tous représentés avec un caractère de grandeur et de magnificence qui ne leur est pas propre, afin, sans doute, de donner plus d'éclat à leurs dessins; je ne connois guère que l'excellent ouvrage de Monsieur Mazois où on n'a point altéré les dimensions, et où l'auteur a eu la bonne foi de confesser, qu'à quelques excéptions près, il y a très-peu de magnificence à Pompeii. Cette vérité ne manquera pas de frapper tous ceux qui, après avoir contemplé les restes de la grandeur Romaine dans Rome même, s'attendront peut-être, à trouver le même caractère dans les monuments de Pompeii; ils seront obligés d'avouer que les édifices, et sur-tout les maisons, sont d'une petitesse qui, sans quelques uns des bâtiments publics, tels que la Basilique, les Théâtres et quelques autres, donneroit l'idée d'une ville assez médiocre.

Cette erreur je me suis efforcé de l'éviter, en donnant aux édifices et autres monuments que j'ai déssinés, leurs justes dimensions, autant que cela m'a été possible; c'est au public à juger jusqu'à quel point j'ai réussi; je dirai seulement que tout ce que j'ai représenté, je l'ai représenté comme il existe actuellement, et non comme je me l'étois imaginé. Je pourrois dire de même de la description que je me suis hasardé à donner de chaque planche; c'est une relation simple de ce que j'ai vu et de ce que j'ai examiné à Pompeii, et où je me suis permis très rarement de donner mon opinion sur des points qui sont en dispute parmi les antiquaires. Je n'ai voulu que rassembler en peu de mots ce qu'il y a d'essentiel à savoir, afin d'épargner aux voyageurs, et sur-tout aux étrangers, la peine d'aller puiser dans des sources souvent éloignées, où, après une étude quelque fois ennuyante, ils ne trouvent pas toujours, à contenter leur curiosité.

Qu'il me soit permis ici d'exprimer ma reconnoissance à mon ami Monsieur Denison qui m'a prêté son assistance dans le cours de cet ouvrage, et dont les lumières m'ont été d'un grand secours.

Rome ce 1." Février 1819.

PEINTURE
DU ROYAUME DE NAPLES.

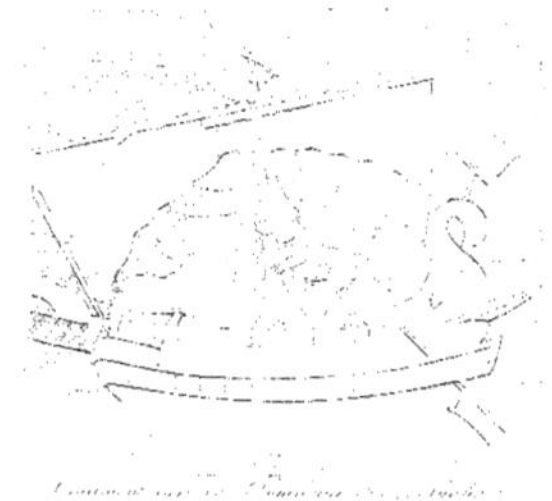

Oh! que ne puis-je errer aux champs de Parthénope!
C'est là que la nature en grand se développe,
Qu'arrête tout-à-coup sur la cime des monts,
Le peintre voit, s'enflamme, et saisit ses crayons,
Dessine ces lointains, ce bizarre mélange
De vallons, de côteaux qu'enrichit la vendange;
D'où la vigne rampant jusqu'aux rives des mers,
Va faire à ses doux fruits boire les flots amers;
Tout ces golfes, ces ports, ces flots parsemés d'îles.
Ces monts brûlants changés en des côtes fertiles:
Des laves de ces monts encore tous menaçans,
Sur des palais détruits d'autres palais naissants.
Et dans ce long tourment de la terre et de l'onde,
Un nouveau monde éclos des débris du vieux monde.

Hélas! je n'ai point vu ce séjour enchanté,
Ces beaux lieux où Virgile a tant de fois chanté;
Mais j'en jure, et Virgile et ses accords sublimes
J'irai, de l'Apennin je franchirai les cimes;
J'irai, non pas cueillir le stérile rameau.
Dont l'ignorance avide ombrage son tombeau;
Mais au bord de ces mers, sur ces rives chéries
Où souvent s'égaroient ses douces rêveries,
J'irai, plein de son nom, plein de ses vers sacrés,
Les lire aux mêmes lieux qui les ont inspirés.

Poeme de l'art d'orner la campagne, par l'Abbé De l'Is.

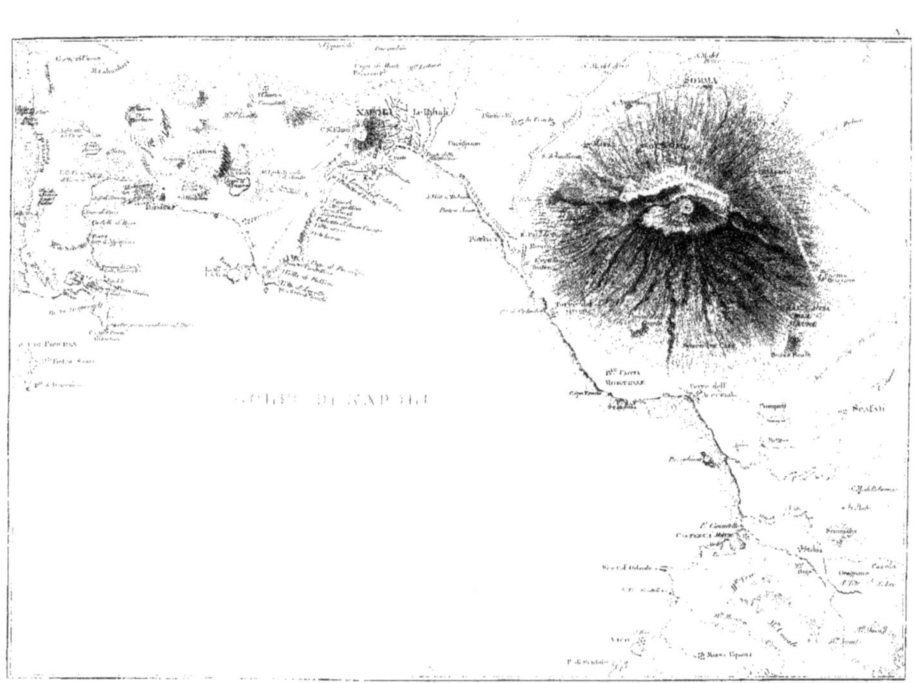
GOLFE DI NAPOLI
NAPOLI
SOMMA
CARTE DES ENVIRONS DE NAPLES

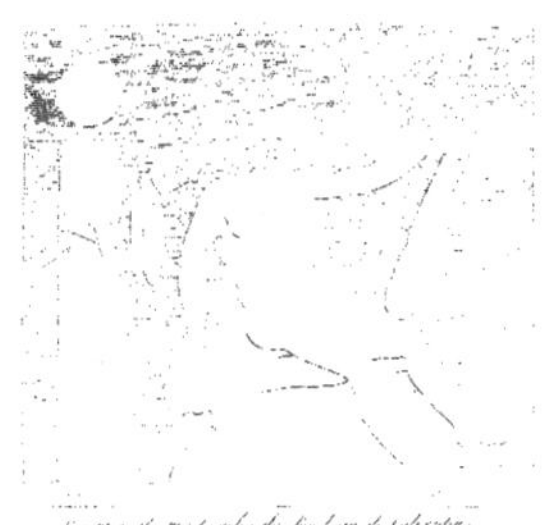

PRÉCIS HISTORIQUE DE POMPEII.

Avant d'entreprendre de donner au lecteur une idée générale de l'histoire de la ville de Pompeii, il ne sera pas hors de propos de dire un mot de la Campanie, cette partie de l'Italie où elle est située, et qui a été considérée dans tous les tems, et par tous les peuples comme un pays particulièrement favorisé du ciel et de la nature.

Si l'extrème fertilité du sol, la diversité des productions, et les agrémens de toute espèce ont valu à l'Italie le titre de *Jardin de l'Europe*, peut être ne doit-on pas refuser à la Campanie celui de *Jardin de l'Italie*. C'est là que la nature se plaît à rassembler tout ce qui peut contribuer à la jouissance de la vie : aussi le climat et la température de la Campanie, joints à la singulière beauté des sites, ont-ils fait les délices des peuples qui l'ont habitée, et sur-tout des Romains. Empereurs, poètes, philosophes, tous avoient des maisons dans la Campanie, et n'ont cessé de chanter ce beau séjour. *Campania,* dit Pline, *habet terras hyeme et aestate vernantes; sol ibi mitis, temperiesque grata, aer purus et blandus.* Cicéron y avoit plusieurs maisons ; il nous a même laissé une description de son *Pompeianum,* où il passoit une partie de l'année, et où il a composé les livres de la nature des Dieux, celui de la vieillesse, celui de l'amitié etc.

Ces avantages, ces dons que la nature a prodigués à ce charmant pays sont il est vrai en quelque sorte rachetés par des fléaux inconnus à la plupart des contrées moins favorisées ; les habitants marchent sur des abîmes qui quelquefois s'ouvrent sous leurs pas ; les tremblements de terre détruisent les villes jusque dans leurs fondements, et les volcans, attaquant en même tems l'air, la terre, et la mer, répandent par-tout l'effroi, la désolation et la mort. Cependant, malgré ces scènes terribles qui se sont répétées tant de fois, la Campanie est toujours restée une des parties les plus peuplées de l'Europe ; l'homme naturellement attaché au sol qui l'a vu naître, le quitte dans un moment d'effroi pour éviter le sort de ceux qu'il voit périr devant lui ; mais peu-à-peu l'impression du danger s'affoiblit, et il revient se fixer de nouveau sur le théâtre même de ses malheurs passés.

C'est à un événement horrible, de la nature de ceux dont nous venons de parler, que deux villes de la Campanie durent leur ruine. Herculaneum et Pompeii succombèrent à la même époque sous les fureurs du Vésuve, et restèrent ensevelies pendant un laps de plus de mille six-cents ans ; elles furent enfin retrouvées, et tout le monde sait, combien cette découverte a contribué à étendre les lumières qu'on avoit sur l'antiquité, et sur-tout sur les arts des Romains.

Outre ces deux villes malheureuses, la Campanie en comptoit beaucoup d'autres également riches et puissantes. Une partie de leurs histoires nous est connue ; nous savons les guerres qu'elles ont entreprises, leur bonne et leur mauvaise fortune, et la manière dont elles ont péri ; mais quant à leur origine, elle se perd presque toujours dans la nuit des siècles, et pour découvrir celle de Pompeii, on auroit besoin de débrouiller ce tissu d'imaginations bizarres, cet amas confus de faits, quelquefois vrais dans le fond, mais presque sans chronologie, dont la fable s'est plu à envelopper de la plupart l'origine des villes de la Campanie.

Les habitants de cette partie de l'Italie nous sont représentés comme des hommes féroces et cruels, et c'est dans la Campanie qu'Homère place ces terribles Lestrigons, mangeurs de chair humaine ; on sait qu'ils dévorèrent un des compagnons d'Ulisse, dont ils attaquèrent les vaisseaux qu'ils firent tous couler à-fond, excepté le seul qu'il montoit. La fable des Sirènes n'est autre chose qu'une peinture allégorique de l'affreux sort réservé aux navigateurs qui, séduits par la beauté de ces rivages, dévenoient la proie de ces peuples inhospitaliers.

Mais laissons là les poëtes et leurs fictions, pour nous occuper des premières lumières que l'histoire jette sur la Campanie, et sur la ville de Pompeii, dont l'antiquité, on ne peut le nier, remonte aux époques les plus reculées de l'histoire d'Italie.

Denis d'Halicarnasse nous enseigne que les Oenotriens, les Pelasges furent les premiers peuples étrangers qui s'établirent dans l'Italie méridionale; Strabon ajoute que les Pelasges et les Osques possédèrent les villes de Pompeii et celle d'Herculaneum, fondées l'une et l'autre par Hercule le Phénicien; ce qui prouve que l'histoire de l'origine de ces deux villes étoit peu connue et qu'il n'en restoit guère que des traditions.

Les Ausoniens succédèrent aux Osques sur les-quels firent des conquêtes; mais leur domination fut de peu de durée.

Vinrent ensuite les Grecs; Hypoilis, avec une colonie de Cuméens, originaires de Chalcis en Eubée, s'empara du pays des Osques et y fonda la ville de Cumes au-dessous du Cap de Misène.

Les Cuméens bâtirent la ville de Paliopolis, ainsi que celle de Néapolis connue aussi sous le nom de Parthénope, et s'emparèrent dans la suite d'Herculaneum et de Pompeii; il paroît même que cette dernière ville étoit le point le plus éloigné de leurs établissements de ce côté du golfe.

·Les Cuméens durent succomber à leur tour. La Campanie, cette terre féconde, ne tarda pas à réveiller la cupidité des conquérants. Les Etrusques vinrent s'y établir, et après en avoir chassé les Cuméens, ils fondèrent une république fédérative dont Capoue fut la capitale; c'est ce qu'on a appelé la nation des Campaniens, de laquelle les habitants de Pompeii faisoient partie.

Mais le luxe et la mollesse énervèrent les Campaniens. Les Samnites, nation belliqueuse, descendirent de leurs montagnes et envahirent toute la Campanie. Capoue se mit sous la protection de Rome, ce qui attira dans ces contrées les armes de la république romaine. Quoique cette guerre ait duré plus d'un demi-siècle, il n'est point fait mention de Pompeii: heureux silence, dit Monsieur Mazois » puisque les villes qui obtinrent alors quelque célébrité, ne la durent qu'à leurs malheurs ».

Quatre-vingts ans plus tard Annibal pénétra dans la Campanie et attaqua toutes les villes qui étoient demeurées fidèles aux Romains. Comme il n'a rien entrepris contre Pompeii, il est probable qu'à l'exemple de la capitale de la république, cette ville avoit embrassé le parti des Carthaginois.

Dans la guerre sociale, Sylla vint mettre le siège devant Stabie ville voisine de Pompeii; il la prit et la ruina tellement qu'elle fut réduite à l'état d'un simple village. Pompeii étoit alors sous l'influence des Samnites, et demeura unie aux autres villes de la Campanie; ses habitants, témoins du haut de leurs remparts, de l'affreux sort de Stabie, n'en furent pas moins résolus de se défendre contre Sylla qui s'approchoit pour les attaquer; mais pendant que celui-ci faisoit ses préparatifs, Cluventius avec une armée de Samnites vint lui offrir le combat. Sylla attaqua les Samnites, mais il fut repoussé; il renouvella l'attaque quelque tems après et força Cluventius à se retirer. Celui-ci ne fut point découragé, car ayant reçu des renforts, il se montra de nouveau à son ennemi. Sylla lui livra bataille, le força à la retraite, et bientôt après détruisit son armée près de Nola; Cluventius fut au nombre des morts.

On ne sait pas quelles furent les conditions qu'obtint la ville de Pompeii sur ces entrefaites, après la mort de Cluventius, Sylla conduisit son armée dans le Samnium, et il ne paroît pas qu'il ait plus songé à Pompeii.

A la fin de la guerre sociale la Campanie fut traitée avec la plus grande rigueur; Capoue perdit son Sénat, ses habitants furent dispersés, et l'on n'y laissa que des laboureurs pour cultiver ses champs et des soldats pour garder ses murailles. On laissa cependant une ombre de liberté aux autres villes, et il paroît que jusqu'au tems d'Auguste Pompeii se gouverna elle-même;· mais elle devint alors colonie Romaine, et la forme de son gouvernement ayant changé, elle suivit la fortune de l'Empire romain jusqu'à l'an 79 époque de sa destruction.

Tels sont, en peu de mots, les principaux traits de l'histoire de Pompeii: Ces traits, quelque légers qu'ils soyent, suffiront pour donner une idée de l'état politique d'une ville qui ne tenoit qu'un rang secondaire parmi celles de la Campanie. Peu d'événements importants ont illustré ses annales, et il est très certain, que sans sa dernière catastrophe, qui a conservé jusqu'à nos jours cette ville presque dans le même état dans lequel elle il fut laissé par les anciens habitants, son histoire n'auroit point inspiré l'intérêt qu'on lui témoigne aujourd'hui.

PLANCHE Ire

Vue générale du Vésuve, et de la situation de Pompeii en l'approchant du côté de Torre dell' Annunziata.

A. Le Vésuve, élevé d'environ 3700 pieds au-dessus du niveau de la mer.
B. Le sommet appellé *Monte Ottajano.*
C. Vallée appellé *Atrio del Cavallo.*
D. Couvent sur le Mont St Ange.
E. Torre dell' Annunziata.
F. Vallée qui sépare la colline où Pompeii est située du pied du Vésuve.
G. Site du Faubourg *Augustus Felix ;* les trois petites colonnes sont vis-à-vis la maison de Dioméde.
H. Banc de terre formé par ce qu'on a jetté en faisant les fouilles, et dont le sommet est environ au niveau du pavé de la *Basilique.*
I. Chemin qui conduit de Naples à Salerne.
K. Plate-forme.

Le Vésuve, ce célèbre volcan, qui par ses éruptions répand tour-à-tour la désolation et la fertilité sur les campagnes voisines, est une montagne situé à trois lieues de Naples et à une lieue de la mer. Sa forme est pyramidale et elle est séparé du reste de l'Apennin, ayant environ dix lieues de tous (dans sa plus grande circonférence) à sa base, et huit cents toises (1) seulement à son sommet. Sa moyenne hauteur (car elle varie beaucoup par les éruptions) peut se considérer d'environ six cent cinquante toises.

Actuellement le Vésuve nous présente trois sommets sur une commune base ; celui où est le cratère est appelé *Vésuve*, celui au S. *Ottajano*, et celui au NE. *Somma ;* ces deux derniers sommets ont pris leurs noms de deux bourgs qui sont situés sur ces divisions de la montagne.

Jusqu'à une certaine hauteur, les côtes du Vésuve sont couvertes de vignes qui produisent un vin fort estimé, connu sous le nom de *Lacrima Christi.* On y voit aussi les forêts du Roi, et des torrents de lave que le tems n'a pas encore rendus propres à la cultivation. Les éruptions sont le fléau des vignobles, dont quelques uns sont à-jamais détruits, tandis que d'autres sont rendus stériles pour une long suite d'années. Un vignoble couvert de lave, et vu à une petite distance, a l'apparence d'un champ dont le sol gras à été nouvellement labouré.

D'après ce qu'en disent Diodore de Sicilie, Strabon et Vitruve, il est certain que de tems immémorial le Vésuve avoit jetté des flammes. Strabon tur-tout parle de la grande fertilité de cette montagne, excepté vers le sommet, qui de son tems, étoit composé de cendres et de matières brulées, avec des cavernes qui indiquoient des feux cachés. En effet les laves dont on trouve, du côté de la mer, jusqu'à trente couches de différentes épaisseurs, séparées par des couches de terre végétale, sont autant de témoignages d'éruptions dont les époques reculées se perdent dans la nuit des siècles. Cependant, comme l'histoire ne fait mention d'aucune éruption antérieure à celle de l'an 79, elle est généralement regardée comme la première, et si l'on considère l'étendue du mal qu'elle produisit, peut-être n'en fut-il jamais de plus terrible.

Il paroit que les habitants d'Herculaneum, de Pompeii, et ceux des nombreux villages et maisons de plaisance dans le voisinage du Vésuve, vécussent dans la plus grande sûreté jusqu'à environ cinquante ans après la naissance de Jésus-Christ, quand toute la Campanie commença à éprouver de fréquents

---

(1) Chaque toise a six pieds de France.

tremblements de terre, et l'an 63 de l'ère vulgaire une terrible sécousse détruisit presque Pompeii et endommagea beaucoup Herculaneum : Seuèque en parle dans son 6.me livre (1).

Après cette catastrophe, Pompeii fut pour quelques années presqu'abbandonnée ; mais la confiance renaissant avec le tems, on avoit commencé à réparer le dommage que le tremblement de terre avoit causé à la ville, et le temple d'Isis avoit été entièrement refabriqué. D'autres temples étoient aussi en train d'être restaurés, et d'après l'apparence qu'ils présentent aujourd'hui, il semble que l'ouvrage n'ait cessé que la veille. Ce fut le 24 Août de l'an 79 que le Vésuve s'ouvrit avec un horrible fracas, ensevelit les villes d'Herculanum et de Pompeii, et fit déserter tous les environs. Selon quelques historiens l'éruption fut si soudaine que les habitants furent surpris au théâtre ; d'autres auteurs doutent de ce fait qui n'en est pas moins probable, puisque c'étoit vers la septième heure, c'est-à-dire environ une heure après midi. Pline le naturaliste qui partit de Misène, animé du désir de porter des secours aux habitants de Retina, et d'observer de plus près l'embrasement de la montagne, devint la victime de son humanité et de son amour pour les sciences ; il fut suffoqué par la vapeur, et les circonstances de sa mort, ainsi que les détails de cette éruption, nous ont été transmis par son neveu dans les deux lettres suivantes addressés à Tacite, qui lui avoit demandé ces détails pour en parler dans son histoire.

» Vous me priez de vous apprendre au vrai comment mon oncle est mort, afin que vous en
» puissiez instruire la postérité. Je vous en remercie : car je connois qu'il jouira d'une gloire im-
» mortelle, si vous lui donnez place dans vos écrits, quoiqu'il ait péri par une fatalité qui a désolé
» de très beaux pays, et que sa perte ait été causé par un accident mémorable, qui ayant enveloppé
» des villes et des peuples entiers, doit éterniser sa mémoire ; quoiqu'il ait fait bien des ouvrages,
» qui doivent durer toujours, je compte pourtant que l'immortalité des vôtres contribuira beaucoup
» à celle qu'il doit attendre. Pour moi, j'estime heureux ceux à qui les Dieux ont accordé le don,
» ou de faire des choses dignes d'être écrites, ou d'en écrire des dignes d'être lues ; et plus heureux
» encore ceux qu'ils ont favorisé de ce double avantage. Mon oncle tiendra son rang entre les der-

» niers et par vos écrits et par les siens ; et c'est ce qui peut m'engager à exécuter plus volontiers
» les ordres que je vous aurois demandés.

» Il étoit à Misène, où il commandoit la Flotte. Le vingt-quatrième d'Août, environ une heure
» après-midi (a), ma mère l'avertit qu'il paroissoit un nuage d'une grandeur, et d'une figure extra-
» ordinaire. Après avoir été quelque temps couché au soleil, selon sa coûtume, et avoir bu de l'eau
» froide, il s'étoit jetté sur un lit, où il étudioit. Il se leve, monte en un lieu d'où il pouvoit aisé-
» ment observer ce prodige. Il étoit difficile de discerner de loin de quelle montagne ce nuage
» sortoit ; l'événement a découvert depuis que c'étoit du Mont Vésuve ; sa figure approchoit plus
» de celle d'un pin que d'aucun autre arbre, car après s'être élevé fort haut en ligne directe, sa
» cime étoit applatie, et formoit comme des espèces de branches. Je m'imagine qu'un vent souter-
» rein le poussoit d'abord avec impétuosité et le soûtenoit ; mais soit que l'impression diminuât
» peu-à-peu, soit que ce nuage fût entraîné par son propre poids, on le voyoit se dilater et se
» répandre. Il paroissoit tantôt blanc, tantôt noirâtre, et tantôt de diverses couleurs, selon qu'il
» étoit plus chargé ou de cendres ou de terres.

» Ce prodige surprit mon oncle, et il le crut digne d'être examiné de plus près. Il commande
» qu'on apprête sa frégate légère, et me laisse la liberté de le suivre. Je lui répondis que j'aimois
» mieux étudier : et par hasard il m'avoit lui-même donné quelque chose à écrire. Il sortoit de chez
» lui, ses tablettes à la main, lorsque les Troupes de la flotte, qui étoient à *Rétina*, effrayées par la
» grandeur du danger (car ce bourg est précisément sous Misène (b), et on ne s'en pouvoit sauver
» que par la mer), vinrent le conjurer de les vouloir bien garantir d'un si affreux péril. Il ne
» changea pas de dessein, et poursuivit, avec un courage héroïque ce qu'il n'avoit d'abord entre-
» pris que par simple curiosité. Il fait réunir les galères, monte lui-même dessus, et part dans le
» dessein de voir quel secours on pouvoit donner, non seulement à Rétina mais à tous les autres
» bourgs de cette Côté, qui sont en grand nombre à cause de sa beauté. Il se presse d'arriver au lieu
» d'où tout le monde fuit, et où le péril paroissoit plus grand, mais avec une telle liberté d'esprit,
» qu'à mesure qu'il appercevoit quelque mouvement ou quelque figure extraordinaire dans ce
» prodige, il faisoit ses observations et les dictoit.

» Déjà sur ces vaisseaux voloit la cendre la plus épaisse, et plus chaude à-mesure qu'ils appro-
» choient ; déjà tomboit autour d'eux des pierres calcinées et des cailloux tout noirs, tout brûlés,
» tout pulvérisés par la violence du feu ; déjà le rivage sembloit inaccessible par des morceaux
» entiers de montagne dont il étoit couvert, lorsqu'après s'être arrêté quelques momens, incertain
» s'il retourneroit, il dit à son Pilote, qui lui conseilloit de gagner la pleine mer : *La fortune*
» *favorise le courage ; tournez du coté de Pomponianus.* Pomponianus étoit à Stabie, en un endroit
» séparé par un petit golfe que forme insensiblement la mer sur ces rivages qui se courbent. Là à
» la vue du péril qui étoit encore éloigné, mais qui sembloit s'approcher toujours, il avoit retiré
» tous ses meubles dans ses vaisseaux, et n'attendoit pour s'éloigner qu'un vent favorable. Mon
» oncle le trouve tout tremblant, l'embrasse, le rassure, l'encourage, et pour dissiper par sa sécu-
» rité la crainte de son ami, il se fait porter au bain ; après s'être baigné, il se mit à table, et soupa
» avec toute sa gaieté ordinaire.

» Cependant on voyoit luire de plusieurs endroits du Mont Vésuve de grandes flammes et
» des embrâsemens dont les ténèbres augmentoient l'horreur ; mon oncle, pour assurer ceux
» qui l'accompagnoient, leur disoit que ce qu'ils voyoient brûler, c'étoient des villages que les
» paysans alarmés avoient abandonnés, et qui étoient demeurés sans secours. Ensuite il se coucha
» et dormit d'un profond sommeil ; car comme il étoit puissant, on l'entendoit ronfler de
» l'antichambre ; mais enfin la cour, par où l'on entroit dans son appartement, commençoit
» à se remplir si fort de cendres, que pour peu qu'il eût resté plus long-temps, il ne lui auroit
» pas été libre de sortir. On l'éveille, il sort et va rejoindre Pomponianus et les autres qui
» avoient veillé. Ils tiennent conseil et délibèrent s'ils se renfermeront dans la maison ou s'ils
» tiendront la campagne, car les maisons étoient tellement ébranlées par les fréquens tremble-
» mens de terre, que l'on auroit dit qu'elles étoient arrachées de leurs fondemens et jettés

---

(1) « Pompeios, celebrem Campaniae urbem-desedisse *Terrae motu*, vexatis quacunque adja-
» centis regionibus, Lucli virorum optime, audivimus : et quidem in diebus hibernis, quos vacare
» a tali periculo majores nostri solebant promittere. Nobis Febr. fuit motus hic, Regulo et Virginio
» Consulibus, qui Campaniam nunquam securam hujus mali, idemnem tamen, et totiens defunctam
» metu, magna strage vastavit. Nam et Herculanensis oppidi pars ruit, dubicque stant etiam quae
» relicta sunt. Et Nucirinorum colonia, ut sine clade, ita non sine querela est. Neapolis quoque
» privatim multa, publice nihil amisit, leviter ingenti malo perstricta. Villae vero praeruptae passim
» sine injuria tremuere. Adjiciunt his sexcentarum ovium gregem examinatum, et divisas statuas ».

Senec. *Not. Qu. l. 6. c. 1.*

VUE GÉNÉRALE DU VÉSUVE ET DE LA SITUATION DE POMPÉI

» tantôt d'un côté, tantôt de l'autre, et puis remises à leurs places. Hors de la ville, la chûte
» des pierres, quoique légéres et desséchées par le feu, étoit à craindre.

» Entre ces périls, on choisit la rase campagne. Chez ceux de sa suite une crainte surmonta
» l'autre; chez lui, la raison la plus forte l'emporta sur la plus foible. Ils sortent donc, en se
» couvrant la tête d'oreillers attachés avec des mouchoirs, ce fut toute la précaution qu'ils
» prirent contre ce qui tomboit d'en-haut. Le jour recommençoit ailleurs; mais dans le lieu
» où ils étoient continuoit une nuit la plus sombre, et la plus affreuse de toutes les nuits, et
» qui n'étoit un peu dissipée que par la lueur des flammes et de l'incendie. On trouva bon
» de s'approcher du rivage, et d'examiner de près ce que la mer permettoit de tenter; mais
» on la trouva encore fort grosse et fort agitée d'un vent contraire. Là, mon oncle ayant
» demandé de l'eau et bu deux fois, se coucha sur un drap qu'il fit étendre; ensuite des flammes
» qui parurent plus grandes, et une odeur de soufre qui annonçoit leur approche mirent tout
» le monde en fuite. Il se lève, appuyé sur deux Valets, et dans le moment tombe mort. Je
» m'imagine qu'une fumée trop épaisse le soffoqua d'autant plus aisément, qu'il avoit la poitrine
» foible, et souvent la respiration embarassée.

» Lorsque l'on recommença à revoir la lumière (ce qui n'arriva que trois jours après, on
» retrouva au même endroit son corps entier, couvert de la même robe qu'il avoit quand il
» mourut, et plutôt dans la posture d'un homme qui repose que d'un homme qui est mort.
» Pendant ce temps ma mère et moi nous étions à Misène; mais cela ne regarde plus votre
» histoire. Vous ne voulez être informé que de la mort de mon oncle. Je finis donc et je n'ajoute
» plus qu'un mot : c'est que je ne vous ai rien dit, ou que je n'aie vu, ou que je n'aie appris
» dans ces moments, où la vérité de l'action qui vient de se passer, n'a pu encore être altérée.
» C'est à vous de choisir ce qui vous paroîtra plus important. Il y a bien de la différence entre
» écrire une lettre, ou bien une histoire; entre écrire pour un ami, ou pour la Postérité ».
Adieu.

Dans la XXe lettre, Pline continue ainsi, pour répondre à Tacite qui lui avoit demandé
des détails plus circonstanciés.

» La lettre que je vous ai écrite sur la mort de mon oncle dont vous avez voulu être instruit;
» vous a, (dites-vous) donné beaucoup d'envie de savoir quelles alarmes et quels dangers
» j'essuyai à Misène, où j'étois resté: car c'est-là que j'ai quitté mon histoire.

Quamquam animus meminisse horret luctuque refugit,
Incipiam . . . .

» Après que mon oncle fut parti, je continuai l'étude qui m'avoit empêché de le suivre. Je pris
» le bain et soupai: je me couchai et dormis peu, et d'un sommeil fort interrompu. Pendant
» plusieurs jours, un tremblement de terre s'étoit fait sentir, et nous avoit d'autant moins
» étonnés, que les bourgades et même les villes de la campagne y sont fort sujettes; il redoubla
» pendant cette nuit avec tant de violence, qu'on eût dit que tout étoit, non pas agité, mais
» renversé. Ma mère entra brusquement dans ma chambre, et trouva que je me levois, dans
» le dessein de l'éveiller si elle eût été endormie. Nous nous asseyons dans la cour, qui ne
» sépare le bâtiment d'avec la mer que par un fort petit espace.

» Comme je n'avois que dix-huit ans, je ne sais si je dois appeller fermeté ou imprudence
» ce que je fis. Je demandai Tite-Live, et me mis à le lire et à l'extraire, ainsi que j'aurois
» pu faire dans le plus grand calme. Un ami de mon oncle survient, il étoit nouvellement
» arrivé d'Espagne pour le voir. Dès qu'il nous apperçut, ma mère, et moi assis, ayant un
» livre à la main, il nous reproche à elle sa tranquillité, et à moi ma confiance: je n'en levai
» pas cependant les yeux de dessus mon livre. Il étoit déja sept heures du matin, et il ne
» paroissoit encore qu'une lumière foible, comme une espèce de crépuscule. Alors les bâtimens
» furent ébranlés, avec de si fortes secousses, qu'il n'y eut plus de sûreté à demeurer dans un
» lieu, à la vérité découvert, mais fort étroit. Nous prenons le parti de quitter la ville. Le
» Peuple épouvanté nous suit en foule, car ce que donne la frayeur tient lieu de prudence,
» chacun ne croit rien de plus sûr que ce qu'il voit faire aux autres.

» Après que nous fûmes sortis de la ville, nous nous arrêtons; et là, nouveaux prodiges,
» nouvelles frayeurs; les voitures que nous avions emmenés avec nous, étoient à tout moment
» si agitées, quoiqu'en pleine campagne, qu'on ne pouvoit même en les appuyant avec de
» grosses pierres, les arrêter en une place. La mer sembloit se renverser sur elle-même, et
» être comme chassée du rivage par l'ébranlement de la terre: le rivage en effet étoit devenu
» plus spacieux, et se trouvoit rempli de différens poissons demeurés à sec sur le sable. A
» l'opposite, une nue noire et horrible, crevée par des feux qui s'élançoit en serpentant,
» s'ouvrit et laissoit échapper de longues fusées, semblables à des éclairs, mais, qui étoient
» beaucoup plus grandes; alors l'ami, dont je viens de parler, revint une seconde fois, et plus
» vivement à la charge. Si votre frère, si votre oncle est vivant, nous dit-il, il souhaite sans
» doute que vous vous sauviez, et s'il est mort, il a souhaité que vous lui surviviez. Qu'attendez-
» vous donc? pourquoi ne vous-sauvez-vous pas? Nous lui répondîmes que nous ne pouvions
» songer à notre sûreté, pendant que nous étions incertains du sort de mon oncle. L'Espagnol
» part sans tarder davantage, et cherche son salut dans une fuite précipitée.

» Presqu'aussi-tôt la nue tombe à terre et couvre les mers, elle déroboit à nos yeux l'Ile
» de Caprée qu'elle enveloppoit, et nous faisoit perdre de vue le Promontoire de Misène. Ma
» mère me conjure, me presse, m'ordonne de me sauver de quelque manière que ce soit: elle
» me remontre que cela est facile à mon âge, et pour elle, chargée d'années et d'embonpoint,
» elle ne pouvoit faire; qu'elle mourroit contente si elle n'étoit point cause de ma mort. Je
» lui déclare qu'il n'y avoit point de salut pour moi qu'avec elle; je lui prends la main, et
» je la force de m'accompagner; elle cède à-regret et se reproche de me retarder.

» La cendre commençoit à tomber sur nous, quoiqu'en petite quantité. Je tourne la tête
» et j'apperçois derrière nous une épaisse fumée qui nous suivoit, en se répandant sur la terre
» comme un torrent. Pendant que nous voyons encore, quittons le grand chemin, dis-je à ma
» mère, de peur qu'en le suivant, la foule de ceux qui marchent sur nos pas ne nous étouffe
» dans les ténèbres. A-peine nous étions-nous écartés, qu'elles augmentèrent de telle sorte,
» qu'on eût cru être, non pas dans une de ces nuits noires et sans lune, mais dans une chambre
» où toutes les lumières auroient été éteintes. Vous n'eussiez entendu que plaintes de femmes,
» que gémissemens d'enfans, que cris d'hommes. L'un appelloit son père, l'autre son fils, l'autre
» sa femme: ils ne se reconnoissoient qu'à la voix. Celui-là déploroit son malheur, celui-ci le
» sort de ses proches; il s'en trouvoit à qui la crainte de la mort faisoit invoquer la mort même.

4

» Plusieurs imploroient le secours des Dieux, plusieurs croyoient qu'il n'y en avoit plus, et
» comptoient que cette nuit étoit la dernière, et l'éternelle nuit dans la quelle le Monde devoit
» être enseveli. On ne manquoit pas même de gens qui augmentoient la crainte raisonnable
» et juste, par des terreurs imaginaires et chimériques. Ils disoient qu'à Misène, ceci étoit
» tombé, que cela brûloit; et la frayeur donnoit du poids à leurs mensonges.

» Il parut une lueur, qui nous annonçoit, non le retour du jour mais l'approche du feu
» qui nous menaçoit; il s'arrêta pourtant loin de nous. L'obscurité et la pluie de cendres
» recommencèrent, et plus fortes et plus épaisses. Nous étions réduits à nous lever de temps
» en temps pour secouer nos habits, et sans cela elle nous eût accablés. Je pourrois me vanter,
» qu'au milieu de si affreux dangers, il ne m'échappa ni plainte, ni foiblesse; mais j'étois
» soutenu par cette consolation peu raisonnable, quoique naturelle à l'homme, de croire, que
» tout l'univers périssoit avec moi.

» Enfin cette épaisse et noire vapeur se dissipa peu-à-peu, et se perdit tout-à-fait, comme
» une fumée, ou comme un nuage. Bientôt après parut le jour et le soleil même, jaunâtre
» pourtant, et tel qu'il a coutume de luire dans une éclipse. Tout se montroit changé à nos
» yeux troublés encore, et nous ne trouvions rien qui ne fût caché sous les monceaux de
» cendres, comme sous la neige. On retourne à Misène: chacun s'y établit de son mieux, et
» nous y passons une nuit partagée entre la crainte, et l'espérance, mais où la crainte eut la
» meilleure part, car le tremblement de terre continuoit. On ne voyoit que gens effrayés
» entretenir leur crainte et celle des autres par de sinistres prédictions. Il ne nous vint pourtant
» aucune pensée de nous retirer, jusqu'à ce que nous eussions eu des nouvelles de mon oncle,
» quoique nous fussions encore dans l'attente d'un péril si effroyable, et que nous avions vu
» de si près. Vous ne lirez pas ceci pour l'écrire, car il ne mérite pas d'entrer dans votre
» histoire, et vous n'imputerez qu'à vous même, qui l'avez exigé, si vous n'y trouvez rien qui
» soit digne même d'une lettre ». Adieu.

(a) Monsieur Eustace, dans son ouvrage sur l'Italie (Classical Tour) s'est permis de changer
l'heure du commencement de l'éruption. Pline nous dit que c'étoit vers la 7.me heure, ce qui répond à
midi et demi, en calculant du lever du soleil; mais Eustace s'est avisé de compter à la manière italienne
d'aujourd'hui, c'est-à-dire de l'entrée de la nuit, faisant ainsi commencer l'éruption à une heure après
minuit. La fausseté de son opinion à cet égard est suffisamment démontrée par les deux lettres de Pline,
puisqu'elles nous disent, que lui-même, sa mère, et son oncle étoient engagés, lors du commencement
de l'éruption, dans des occupations qui ne se font que de jour, et même que son oncle venoit de se
mettre à l'étude, *après avoir resté quelque tems au soleil* selon sa coûtume.

(b) Il est difficile à concevoir comment le danger ait pu être si imminent à Misène dans les premiers moments de l'éruption, le promontoire étant à 16 ou 18 milles du Vésuve en ligne droite. Il est
probable que *Retina*, dont on parle ici, étoit située au pied du Vésuve, et qu'elle n'a été placée sous
Misène que par une faute des traducteurs. Cette opinion nous paroit d'autant mieux fondée, que la
plupart des commentateurs conviennent que la *Resina* d'aujourd'hui est située près de l'endroit où étoit
la *Retina* des anciens.

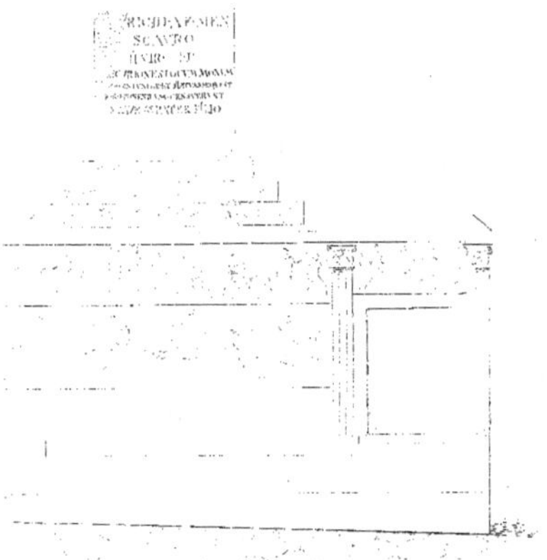

Tombeau des Gladiateurs.

PLANCHE IIME

Plan de la ville de Pompeii.

A. Entrée du Faubourg *Augustus Felix.*

BB. Entrées de la maison de Dioméde.

C. Cour inférieure de la dite maison.

D. Tombeau de la famille de Dioméde.

E. Tombeau, voyez Planche 4.me g.

F. Dite . . . voyez Planche 4.me h.

G. Dite . . . voyez Planche 4.me i.

H. Alcove . . voyez Planche 4.me k.

I. Triclinium a. Planche 5.me

K. Tombeau de Naevoleia Tyche b. Planche 5.me

L. Cimetière c. Planche 5.me

M. Tombeau de Calventio d. Planche 5.me

N. Tombeau circulaire e. Planche 5.me

O. Tombeau de Scaurus f. Planche 5.me

P. Site supposé de la maison de Cicéron.

Q. Tombeau de Mammia.

RR. Tombeaux de personnes inconnues.

S. Porte d'Herculaneum.

T. Dite de Nola.

V. Dite de Sarno.

X. Dite de Stabia.

Y. Degrés derrière la muraille.

Z. Tours.

1. Maison de poste.
2. Endroit d'où est prise la vue. Planche 10.me
3. Maison de Sallust.
4. Dite . . de Julian.
5. Dite . . de Pansa.
6. Endroit d'où est prise la vue. Planche 14.me
7. Petite rue, voyez Planche 16.me
8. Temple de Jupiter.
9. Salle supposée être celle de Justice.
10. Temple.
11. Vaste salle non encore nettoyée.
12. 12. Piédestaux pour des statues.
13. Arc de triomphe, voyez Planche 14.me
14. 14. 14. Temples.
15. Basilique.
16. Vestibule.
17. Péristyle du Forum, qui forme un portique à la Basilique.
18. Temple de Vénus.
19. Endroit d'où est prise la vue. Planche 17.me
20. Portique du forum, près des théâtres.
21. Forum près des théâtres.
22. Temple d'Hercule.
23. Siége circulaire.
24. Endroit où on brûloit les morts.
25. Puits.
26. Curia.
27. Crypta.
28. Temple d'Isis.
29. Cour où furent trouvés des ustensiles.
30 Passage à la seconde Cavea du Théâtre.
31 Grande chambre où étoient des anneaux attachés à la muraille, d'où on conclut qu'on y gardoit les animaux pour les sacrifices.
32. Temple d'Esculape.
33. Cours de l'Aqueduc construit par le Comte de Sarno.
34. Passage aux théâtres.
35. Théâtre couvert.
36. Grand théâtre tragique.
37. Orchestre a. Scéne b. première Cavea c. seconde Cavea d. Corridor.
38. Endroit pour les machines du théâtre.
39. Triclinium.
40. Amphithéâtre.
*** Fontaines.

Pompeii est située à un peu plus de 14 milles de Naples sur la route de Salerne, à deux milles de *Torre dell' Annunziata*, et à 5 ou 6 milles, en ligne droite, du grand cratère du Vésuve. La ville est sur une colline qui est séparée du pied de la montagne par une vallée dont la plaine est au niveau de la campagne d'alentour, comme l'on voit dans la 1.re planche.

Les rues de Pompeii forment une partie intéressante de ses antiquités; elles nous démontrent combien d'attention les anciens faisoient à la commodité de ceux qui les fréquentoient, chaque rue ayant un trottoir des deux côtés, et aux endroits où elles se croisoient étoient placées de larges pierres qui servoient de ponts aux piétons, et qui étoient rangées de manière que les chevaux et les voitures les évitoient facilement. Les rues sont pavées de larges pierres non-taillées et ajustées les unes aux autres de la même manière que celles de la Voie Appienne; dans quelques endroits elles sont beaucoup usées par les roues, mais elles n'ont nulle-part cédé à la pressure des poids. Il paroit que la manière de nommer les rues et de numeroter les maisons soit une invention moderne; c'est un avantage que Pompeii n'avoit pas, du moins n'en reste t-il point de traces. Quant aux maisons, le nom du locataire étoit écrit en gros caractères sur la muraille à côté de l'entrée, et en quelques endroits on voit encore que ces noms avoient été effacés, et qu'on leur avait substitué d'autres ; ce qui indiquoit un changement de maître. Ces noms sont toujours écrits en couleur rouge, et il est à regretter que depuis qu'ils sont exposés à l'air, plusieurs en sont devenus presqu'illisibles, et d'autres ont tout-à-fait disparu. Les affiches et les avis publiques étoient peints de la même manière sur les murailles des maisons, et à l'entrée de la ville. De ces affiches, quelques unes des plus curieuses se conservent au musée de Portici ; on y remarque sur tout un avis qui offre à bail pour cinq ans les biens de *Julia Felix.*

En voici une copie.

IN PRÆDIIS IVLIAE SP. F. FELICIS
LOCANTVR BALNEVM VENERIVM ET
NONGENTVM TABERNAE PERGVLAE
COENACVLA EX IDIBVS AVG. PRIMIS IN
IDVS AVG. SEXTAS ANNOS CONTINVOS
QVINQVE S. Q. O. L. Æ. N. C.

Il y en a deux autres qui annoncent des combats de Gladiateurs, et des chasses dans l'amphithéâtre.

N. POPID
RVFI FAM. GLAD. IV. K. NOV. POMPEIS
VENATIONE ET XII K. MAI
MALA ET VELA ERVNT
O. PROCVRATOR FELICITAS

VALENTIS FLAMINIS NERONIS AVG.
F. PERPETVI
D. LVCRETII VALENTIS FILII
V. K. APRIL. VENATIO ET VELA ERVNT
P. COLONIA

PLANCHE III.ᴹᴱ

Maison qu'on suppose avoir appartenu à la famille de Marcus Arius Diomède.

Cette maison avoit deux entrées principales, dont l'une étoit dans une rue du faubourg *Augustus Felix,* et l'autre du côté de la campagne. Une partie du portique de la seconde avec trois colonnes Doriques se voit à droite ; ici furent trouvés deux squelettes qu'on croit avoir été le maître et son esclave, et dont le premier tenoit d'une main une clef, et de l'autre une bourse contenant des monnoies d'argent et des camées. L'autre avoit une boîte remplie d'effets précieux, de vases d'argent et de bronze. Quand la terre fut enlevée on découvrit des traces de roues sur l'ancienne surface.

Cette maison a été appelée celle de Ciceron, mais elle est située beaucoup au dessous de la hauteur, et une autre colline lui dérobe la vue de la mer et du cap Mysène, ce qui ne s'accorde nullement avec la déscription que cet orateur nous a donnée de son Pompéjanum.

On suppose avec d'autant plus de probabilité que c'étoit une maison de campagne de la famille de Diomède, que plusieurs inscriptions qu'on a trouvées en fouillant, ont indiqué les tombeaux, et parlent de la maison comme étant, l'un et l'autre, situés dans le faubourg d'*Augustus Felix.*

La cour de cette maison est environnée de tous côtés d'un corridor qui forme une excellente promenade à l'abri du soleil et de la pluie ; elle communiquoit au N. E avec plusieurs appartemens voûtés pavés en mosaique, et dont les murailles étoient peintes à fresque, et ornées de petites corniches. Le passage voûté qu'on voit à B, étoit rempli de cendres et de limon jettés par le volcan, et ici furent trouvés 27 squelettes de femmes qui probablement y périrent en cherchant un asile. La forme de leurs corps resta imprimée dans la matière, et on montre au musée de Portici un morceau qui porte l'empreinte du sein d'une femme, et même celle de ses bagues, de ces bracelets et de son collier, et où un lambeau de la draperie est encore attaché.

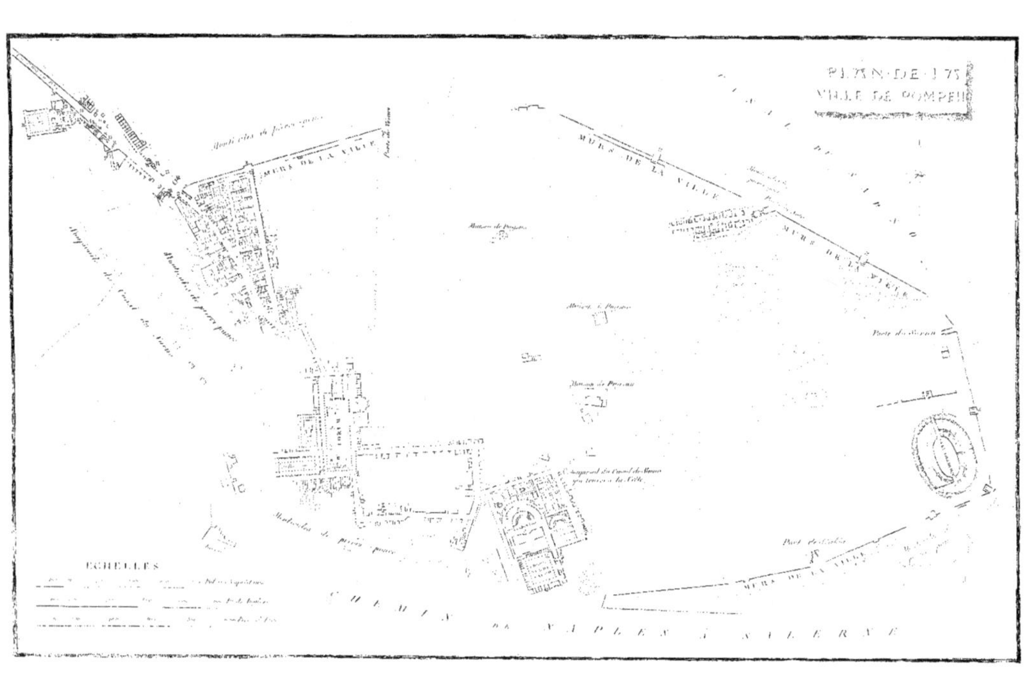

PLAN DE LA
VILLE DE POMPEII
MURS DE LA VILLE
MURS DE LA VILLE
MURS DE LA VILLE
Porte de Nocera
Porte de Nola
Maison de Pansa
Maison de Pansa
ECHELLES
CHEMIN DE NAPLES A SALERNE

MAISON DE BICÊTRE

RUE des TOMBEAUX et N° 6

Sous les corridors sont des caves où se trouvent encore beaucoup de jarres remplies de terre, dont la couleur extrêmement rouge est sans doute l'effet du vin qu'elles contenoient autre fois. Ces caves sont très fraîches. Au-dessous du corridor étoit une plateforme avec un parapet, et qui formoit une promenade agréable en hiver, étant exposée au soleil. Au milieu de la cour étoit pratiqué un grand réservoir où on conservoit vraisemblablement des poissons dorés, comme on en voit aujourd'hui dans presque tous les jardins de l'Italie.

PLANCHE IV.me

Monuments qui sont au NE. du faubourg Augustus Felix, et qui sont appelés vulgairement: La rue des Tombeaux.

A. Le tombeau de la famille de Diomède avec cette inscription :

M. ARRIVS. L. DIOMEDES
SVIS. MEMORIAE
MAGISTER PAG. AVG.
FELIC. SVBVRB.

Ce qui nous apprend qu'il étoit Magistrat de ce faubourg.

B. Pierre sépulcrale très-usitée alors ; sur le revers étoit sculptée une tête d'homme ou de femme , selon l'occasion.

C. D. Pierres sépulcrales enclavées dans la muraille.

E. F. Monuments de la même famille ; comme les ornements étoient en stuc, ils ont tous disparu.

G. Grand monument solide sans aucun *Columbarium* ; il est donc probable que c'étoit la base d'une colonne ou plutôt d'une statue. Parmi les cendres et les décombres furent trouvées deux grandes statues sans tête , d'un travail grossier en pierre volcanique, et les fragments d'une autre statue colossale en marbre, dont sans doute ce tombeau étoit orné, mais qui auront été renversées par le tremblement de terre du 63. Les bas-reliefs ont été trop endommagés par les racines des arbres et des vignes pour en comprendre les sujets.

H. Ce monument est aussi solide et sans *Columbarium*, et son état indique qu'il avoit été érigé depuis peu , lors de la ruine de la ville . Il est parfaitement bien conservé, n'ayant pas essuyé la moindre injure, il est en pierre *Travertine*, et peut être compté parmi les plus beaux restes de Pompeii. Ce monument est d'un caractère aussi simple que chaste et élégant, et nous fait voir combien les bonnes proportions contribuent à produire la magnificence. On y lit cette inscription :

M. ALLEIO LVCCIO LIBELLAE
PATRI AEDILI
II VIR. PRAEFECTO QVINQ. ET M.
ALLEIO LIBELLAE F.
DECVRIONI VIXIT ANNIS XVII
LOCVS MONVMENTI
PVBLICE DATVS EST ALLEIA M F.
DECIMILLA SACERDOS
PVBLICA CERERIS FACIVNDVM CVRAVIT
VIRO ET FILIO

I. Autre monument qui , ou n'étoit point fini , ou dont les stucs ont été détruits par les racines des arbres et des vignes ; il est plus probable qu'il n'a jamais été achevé, et qu'il étoit destiné à être richement orné, puisqu'on y remarque le plus grand soin de le préserver des injures par le moyen d'une plinthe haute et saillante, qui est défendue par des bornes de pierre. Du côté du NO. se voit une porte très ancienne en marbre blanc, partagée en quatre panneaux, et avec des moulures. C'est par cette porte et en descendant cinq dégrés qu'on entre dans le *Columbarium* qui est richement orné en stuc ; du côté opposé à la porte étoit une petite ouverture pour recevoir l'air. Ici furent trouvés deux vases, dont l'un d'albâtre et l'autre de marbre blanc se voient aujourd'hui au musée de Portici. On y trouva aussi une bague d'agate enchassée en or où étoit gravé un cerf d'un assez bon travail. Il y avoit de plus deux jarres de terre de la même forme que celles trouvées dans les caves de la maison de Diomède, un vase de verre , d'autres fragments, et un petit autel en terre cuite.

K. Petit portique isolé dont l'intérieur formoit une niche ou alcove avec un banc à l'entour; au dessus sont des ornemens en peinture sur un fond couleur de rose foncée. Du côté de la rue ce portique est orné de reliefs en stuc entre deux pilastres, dont chacun est partagé dans sa hauteur par un chapiteaux sur la ligne d'où part l'arche du pilastre voisin. Il semble que ce bâtiment n'ait servi que de lieu de rassemblement aux habitans. Non loin de cet endroit furent trouvés les squelettes d'une femme et de trois enfans, dont elle tenoit le plus petit par la main, en embrassant les autres. Auprès de ces malheureux on trouva trois bagues, deux paires de pendants d'oreille, et plusieurs grosses perles. Ces ornemens étoient d'un bon travail, et d'un dessein élégant; une des bagues étoit en forme de serpent qui entouroit le doigt spiralement; l'autre étoit un grénat où étoit gravé la foudre. Les pendants d'oreille étoient curieux; ils formoient une balance dont un des deux bouts du traversin étoit orné de belles perles.

PLANCHE Vme

Monumens au SO. du faubourg Augustus felix, appelés La rue des Tombeaux.

A. Entrée d'une petite enceinte où est le *Triclinium* pour les fêtes en l'honneur des morts. Contre la muraille se voit une des statues en pierre volcanique trouvées auprès des tombeaux, de l'autre côté de la rue.

B. Tombeau de *Naevoleja Tyche* et de *Cajus Faustus*, à qui les Décurions du consentement du peuple decrétèrent l'honneur du Bisellium, comme nous l'enseigne l'Inscription:

NAEVOLEIA T TYCHE SIBI ET
C. MVNATIO FAVSTO AVG. ET PAGANO
CVI DECVRIONES CONSENSV POPVLI
BISELLIVM OB MERITA EIVS DECREVERVNT
HOC MONVMENTVM NAEVOLEIA TYCHE
LIBERTIS SVIS
LIBERTABVSQ ET C. MVNAT. FAVST.
VIVA FECIT.

Ce monument, élégant, et richement orné, est en marbre blanc; il repose sur une large base formée de grands blocs de pierre volcanique qui renferment le *Columbarium*. Au dessus de l'inscription est la tête de N. T. en bas relief, et au dessous est sculpté un sacrifice avec 18 figures dont deux sont des enfants qui posent l'offrande sur l'autel. Du côté de l'autre monument se voit en relief le *Bisellium*; c'étoit un siège capable de contenir deux personnes, et où elles se plaçoient aux assemblées et aux festins du peuple. Du côté du *Triclinium* est sculptée une galère ayant la tête de Minerve à la proue. Un homme vêtu d'une tunique est assis au gouvernail; un autre, habillé de même, cargue la voile, tandis que deux autres, perchés sur l'antenne, sont occupés à la ferler; et enfin deux autres grimpent sur les manœuvres. Il semble qu'on ait voulu comparer la fin de la vie à l'arrivée d'un navire dans le port, et les hommes en tunique représentent probablement les personnes en l'honneur de qui le monument fut érigé.

C. Enclos qui formoit le cimetière de la famille de N. T.; il est terminé par un fronton, dont le *tympanum* porte cette inscription:

NISTACIDIO HELENO
PAG. PAG. AVG.
NISTACIDIO . IANVARIO
MESONIAE SATVLLAE IN AGRO
PEDES XV IN FRONTE IIDIS XV

Dans cet Enclos se trouve une pierre sépulcrale cassée en morceaux, dont le revers réprésentoit une tête d'homme, et le devant avoit cette inscription:

NISTACIDIAE SCAPIDI

Sur le devant étoit un petit vase, qui y étoit placé probablement pour recueillir les larmes des amis du défunt.

D. Tombeau de *C. Calventio*; il est de même en marbre blanc, et repose sur une grande base où est le *Colombarium*. Vers la rue est l'inscription

C. CALVENTIO QVIETO
AVGVSTALI
HVIC OB MVNIFICENT. DECVRIONVM
DECRETO ET POPVLI CONSENSV BISELLII
HONOR DATVS EST

au-dessous de la quelle est sculpté le *Bisellium* en bas relief. Sur les côtés sont sculptés des couronnes de chêne, qu'on sait avoir été parmi les anciens, des marques d'honneur qu'on n'accordait qu'aux citoyens du plus grand mérite. Sur les pilastres du devant sont des bas-reliefs en stuc, dont l'un représente la Fortune sur un globe, et l'autre OEdipe qui dévine l'énigme du Sphinx.

E. Monument circulaire sans inscription, et qui par conséquent nous laisse ignorer en l'honneur de qui il fut érigé. Il est en brique, couvert de stuc, et renferme un *Columbarium* où sont trois niches pour des urnes. Les murailles sont ornées de peintures à-fresque qui représentent des animaux marins. Ce monument est élevé sur une plateforme, dans un enclos, avec des pilastres sur le devant qui sont ornés de figures en relief.

F. Tombeau de *Scaurus*, vulgairement appelé : Tombeau des Gladiateurs. Il a beaucoup souffert, tant des tremblements de terre, que de son long séjour sous les ruines. Il consiste en une base inférieure, surmontée d'une autre élevée sur trois dégrés, dont le marbre a presque tout disparu. Sur le piedestal supérieur, du côté de la rue, se voit l'inscription suivante.

. . . . . . RICIO A. F. MEN.
SCAVRO
II̅ VIR. I. D.
. ECVRIONES LOCVM MONVM.
. . . . IN FVNERE ET STATVAM
EQVESTR.
. . . ORO PONENDAM CENSVERVNT
SCAVRVS PATER FILIO

D'où nous apprenons, que *Scaurus* père érigea ce monument à son fils, . . . *ricio Scaurus*, un des *Duumvirs*, à qui les *Décurions* avoient décerné ce lieu pour sa sepulture, ainsi que les fraix de ses funerailles, et une statue équestre dans le Forum. Dans la grande base est pratiqué le *Columbarium* où se trouve un pilastre carré pour soutenir le poids de l'autre base au-dessus ; il est percé de tous côtés en forme de niche, et au milieu étoit probablement l'urne, qui renfermoit les cendres de *Scaurus* fils ; il y a d'autres niches dans les murailles. Le *Columbarium* étoit en stuc, et du côté de la rue étoient des bas-reliefs qui représentoient des com-

bats de Gladiateurs et de taureaux ; des chasses de lièvre et de sanglier etc. Ces bas-reliefs ont tous peri, pour avoir été exposés à l'air et à l'humidité. Les noms des gladiateurs étoient écrits au-dessus des figures, et on y a trouvé des urnes qui portoient les mêmes noms.

Auprès de ce tombeau est un petit enclos, où se voit une pierre qui porte cette inscription singulière, dont le sens est assez obscur.

IVNONI
TYCHES IVLIAE
AVGVSTAE VENER

G. Tombeau qui paroît n'avoir jamais été fini, et touchant lequel aucune inscription n'a été trouvée. C'est une base formée de grandes pierres volcaniques perpendiculaires, et qui renferme un *Columbarium* où l'on entre par une petite porte de derrière. La corniche de cette base est de marbre, ainsi que les trois dégrés au-dessous, et sans doute si ce monument avoit été terminé, il n'auroit pas été inférieur aux autres.

H. Espace triangulaire entouré de hautes murailles, où se voient beaucoup de jarres à-vin. Dans un coin est un escalier qui conduit à une plateforme avec un parapet, dont on voit une partie à *I.* On croit que c'étoit ici la *villa* de Cicéron, et avec grande raison, parceque de cet endroit on pouvoit voir le Cap Misène, comme il nous à été décrit, et que c'est ici le seul lieu, (hors de la ville) d'où il soit visible.

K. Pilastres de brique qui formoient un passage couvert devant quelques maisons, dont la terre n'est encore qu'en partie enlevée. Dans un de ces bâtiments fut trouvé un squelette d'âne et plusieurs roues de voiture ; les roues étoient faites comme celles d'aujourd'hui, et ceintes de fer.

L. Petit enfoncement ou réduit voûté, qu'on croit avoir été un petit temple, dédié à quelque Divinité, à la manière des chapelles de nos jours.

M. Partie de la porte d'Herculaneum.

N. Partie du Tombeau de M. A. LVCCIVS.

PLANCHE VIME

Triclinium dans le faubourg Augustus felix.

Quand on fit nettoyer cet endroit, les murailles étoient couvertes de fresques, qui, étant exposées à l'air, sont depuis tombées avec le stuc. C'est dans ce Triclinium que se tenoient les festins en honneur de ceux qui obtenoient la sépulture et un monument dans ce quartier; les bancs, ainsi que la table où se mettoient les mets funèbres, étoient couverts de marbre, et la petite colonne sur le devant portoit le buste de la personne, en l'honneur de laquelle on faisoit le festin.

PLANCHE VIIME

Tombeau de Naevoleia Tyche, en dedans de l'Enclos.

On voit ici l'entrée du *Columbarium*, petite chambre entourée des trois côtés d'un banc élevé sur de petits arcs, où se plaçoient les urnes qui contenoient les cendres des défunts, et dont quelques uns y restent encore. Auprès de chaque urne étoit une lampe de terre cuite, et en dedans une monnoie de bronze, pour payer le passage du Styx.

PLANCHE VIIIME

Tombeau de Mammia, et entrée de Pompeii par la Porte d'Herculaneum.

A. Tombeau de la Prêtresse Mammia; en face est un siège demi-circulaire, mais qui ne faisoit point partie du monument, quoiqu'on y lise cette inscription en gros caractères.

MAMIAE P. F. SACERDOTI PVBLICAE LOCVS SEPVLTVRAE DATVS DECVRIONVM DECRETO

Dans le semicercle se voit sur une pierre l'inscription suivante qui donne les dimensions du tombeau, selon le décret des Decurions.

M. PORC.
M. F. EX DEC.
DECRET
IN FRONT. PED.
XXV. IN ACRO
PED. XXV.

Le siège ainsi qu'une espèce d'alcove qu'on voit plus bas de l'autre côté de la rue semblent avoir été des lieux de récréation, et avant que le tombeau de Mammia fut bâti, on y jouissoit d'une superbe vûe du golphe et des montagnes voisines. On y devoit aussi voir Stabie, le Cap Mysène, l'île de Capri, et un petit rocher très pittoresque, sur lequel on a depuis construit un château. Ce Monument renfermoit un Columbarium; il est bâti sur une large base qui l'élève au-dessus du siège, afin de le faire voir de la rue. Cette base étoit assez large pour former une plateforme commode avec un parapet tout autour du tombeau. Le Columbarium étoit orné en dedans de fresques qui sont presque détruits; on y trouva une grande urne de terre cuite renfermée dans une autre de plomb où étoient les cendres de Mammia; il y avoit aussi plusieurs autres urnes plus petites. Dans un petit enclos autour

TOMBEAU DE MAMMEA

MURS DE LA VILLE

PORTE D'HERCULANEUM.

MAISON DE JULIUS POLYBIUS

de ce monument étoient deux grands *trous*, où furent trouvés de grands masques et des têtes de chevaux ou d'autres animaux.

B. Restes d'un monument qui sans doûte surpassoit les autres en beauté ; maintenant il reste peu de traces de son ancienne magnificence ; mais les moulures des angles de la plinthe en marbre blanc, et la base en tuf dont tout le marbre a disparu, attestent sa grandeur passée. Ce monument étant très massif et probablement d'une hauteur considérable, a plus souffert que les autres, du tremblement de terre de l'année 63.

C. Autre siège demi-circulaire.

D. Enfoncement voûté dont on a déjà fait mention (L. *Page 9*).

E. Piédestal de pierre *Travertine* qui étoit autrefois surmonté d'une colonne, qui à été renversée par le tremblement de terre.

PLANCHE IXME

Murs de la ville.

Ces murs qui formoient un double rang autour de la ville étoient très-fortes ayant des tours à 700 pieds à peu près de distance l'une de l'autre et dans chacune desquelles étoit une porte de sortie. Au-dessus de la première muraille on y voit une partie de la plate-forme autrefois défendue par un parapet sur le devant ; sur le derrière s'élevait la muraille intérieure de laquelle il ne reste à présent que très-peu de chose capable d'attester son existence passée.

De tout ce qui a été jusqu'ici découvert à Pompeii, rien ne nous démontre tant son antiquité, lors de sa destruction, que l'état de ses murailles, qui est précisément le même qu'il étoit il y a mille sept cens ans. Si les peintures des maisons, tant en dedans qu'au dehors, n'ont point souffert malgré leur long séjour sous la terre, il est a présumer que ces masses solides de pierre, n'ont point de tout changé.

Les murs sont bâtis à une certaine hauteur avec des pierres dures d'après la manière qu'on appelle Etrusque au-dessus desquels sont des pierres Volcaniques posées de la même manière, et vers la partie supérieure de la muraille on voit du tuf grossier, nommé par Vitruve *incerta.*

La manière de bâtir avec de grandes pierres, posées et ajustées sans aucun ciment, étoit particulière aux Etrusques ; les Romains cependant l'adop-térent comme on voit dans le Capitole et dans la *Cloaca Maxima* ; mais comme ces exemples sont rares, les murailles ainsi construites sont regardées comme faisant preuve d'origine Etrusque. Les murs de Pompeii étant en partie construits de cette manière, et leur apparence aujourd'hui étant à peu près la même comme celle des autres ruines Etrusques, qui ont été toujours exposées aux injures du temps, nous pouvons conjecturer avec assez de probabilité que la ville de Pompeii devoit être de la plus haute antiquité. On attribuoit son origine à Hercule, et son nom à la procession (*Pompa*) qu'il fit après avoir tué Geryon, dont les troupeaux se nourrissoient de chair humaine.

Les réparations de la muraille sont ordinairement bien visibles quelques unes portent le signe de négligence, particulièrement près de la porte de Nola où la muraille est reparée dans toute sa hauteur avec du tuf grossier ; Près de la porte d'Herculaneum les grosses pierres dures (probablement prises dans les endroits qui se trouvoient reparés) paroissent avoir été enlevées pour reconstruire la muraille qu'on voit bâtie dans toute sa hauteur avec ces pierres, et elle paroit très-fraichement.

Les caractères singuliers gravés sur le revers de chaque pierre, c'étoient apparemment des marques faites par les ouvriers pour en connoître la situation précise. Il est à présumer que ces pierres se tailloient et s'ajustoient à l'endroit même où on les exploitait, afin d'éviter le transport d'un poids inutile ; et comme les accidents auroient pu effacer ces marques (ce qui eut causé la plus grande confusion) on les y gravoit assez profondément.

PLANCHE XME

Porte d'Herculaneum, vue de la partie intérieure de la ville.

En entrant dans la ville par cette porte, la première maison à droite est supposée avoir été celle de la Poste, plusieurs morceaux de roues y ayant été trouvés ainsi que des pièces de fer appartenant à des harnois de cheval. On sait que l'Empereur Auguste établit des postes sur la Voie Consulaire, et il est à croire qu'un des relais étoit à Pompeii. Comme le pavé de la rue traverse le trottoir dans cet endroit, on ne peut guère doûter que ce ne fût ici, ou la maison de poste, ou un magasin pour les marchandises, où les chariots entroient.

6

Sur un pilastre de la maison voisine est écrit, en couleur rouge, le nom du locataire *Albinus;* on y voit aussi un Priape ou *Phallus* dans un panneau formé de briques. Plusieurs de ces panneaux avec différentes devises ont été trouvés dans d'autres endroits de la ville; sur quelques uns sont des marbres bigarrés qui semblent indiquer un ouvrier en mosaïque; sur un autre est un cerf grossièrement sculpté. On a supposé que le Phallus indiquoit la maison d'un faiseur de ces amulettes, dont plusieurs ont été trouvés en divers endroits; mais le Chevalier Hamilton croit avec beaucoup plus de probabilité, que celui, dont nous venons de parler, étoit placé contre la muraille, comme emblème d'une certaine Divinité qui présidoit aux jardins. Ce qu'il y a de plus curieux dans ce genre est un Phallus qu'on voit au-dessus d'un four, et où se lisent ces paroles » *Hic habitat felicitas* ». Plus loin est une boutique avec un comptoir de marbre où on vendoit de la limonade et des liqueurs. Le comptoir occupe tout le devant de la boutique, excepté l'endroit où est la porte. Là où le comptoir se joint à la muraille, sont trois petites marches, sur lesquelles étoient rangées des bouteilles, de la même manière que dans les cafés de nos jours. Ces boutiques étoient nombreuses, et dans une qui est de l'autre côté de la rue sont des marques laissées par les tasses, qui ayant contenu quelque liqueur acide, ont rongé le marbre.

PLANCHE XIME

Maison de Sallust.

Les maisons de Pompeii se ressembloient beaucoup dans leurs plans; elles contenoient plusieurs petites chambres qui environnoient une cour qu'on appelloit » *Cavedium* » ou *Impluvium*, étant entourée de colonnes qui formoient un Péristyle, et dont le centre étoit ouvert pour donner du jour et de l'air aux appartemens. Les fenêtres étoient situées ordinairement au-dessus de la porte; ce n'étoient que des volets avec des chassis, ou plus souvent de simples volets suspendus aux jambages. Quand un jardin est attaché à la maison, quelques unes des chambres en reçoivent la lumière, et quelquefois, mais rarement, les fenêtres donnent sur la rue, étant placées assez haut pour qu'on ne puisse y regarder de-dehors. Les maisons n'avoient pour la plupart qu'un seul étage, quoiqu'on y remarque quelquefois des escaliers; mais ils sont très rares, et leur construction démontre qu'il n'y avoit jamais plus d'un étage supérieur. Ces escaliers sont solidement construits en briques et pavés de même, et il est difficile de croire que des masses aussi pésantes aient pu être soûtenues par des charpentes; ce qui cependant devoit être, s'il y avoit eu plus d'un étage supérieur. Il est probable que dans le peu de maisons qui avoient des appartemens au-dessus du rez-de-chaussée, ceux-ci n'étoient occupés que par les esclaves; encore la substance des murailles ne paroit-elle pas capable de soûtenir plus d'un étage. .

Les pavés des maisons étoient de mosaïque, quelquefois de marbre, et plus souvent de briques mêlées de morceaux de marbre blanc; le péristyle étoit pavé de même, et sous l'ouverture étoit creusé un réservoir où étoit souvent une fontaine. Quelques uns de ces réservoirs avoient 5 à 6 pieds de profondeur, et communiquoient à un puits dont l'embouchure étoit auprès du bain et lui fournissoit l'eau. Le puits servoit d'ornement à la cour; son embouchure étoit de marbre, et ressembloit à un piédestal rond, de la hauteur d'environ deux pieds et demi, de la circonférence de 18 pouces, et généralement cannelé; on y voit toujours les marques des cordes avec lesquelles on tiroit l'eau. Les colonnes des péristyles étoient petites et pour la plupart de briques revêtues de stuc; cependant il y en a de pierre qui portent l'empreinte d'une grande antiquité, et sont également couvertes de stuc. On a supposé que celles-ci avoient été réparées après le tremblement de terre; mais ce qui donne lieu d'en douter, c'est que plusieurs des colonnes avoient été couvertes deux fois, et le finiment de la première couche se découvre par les peintures dont elle étoit ornée. La grandeur des maisons varie beaucoup et dépendoit sans doute, comme chez les modernes, du plus ou du moins d'opulence des propriétaires.

Comme le bain étoit une des plus grandes jouissances chez les anciens, ils paroissent avoir fait une attention particulière à sa construction et à sa situation; il est aussi également certain, d'après ce que nous en disent divers auteurs; que le luxe de la table étoit considérable; mais les chambres destinées

aux repas étoient très étroites. Celles à-coucher n'avoient de place que pour le lit qui étoit placé sur une estrade de marbre élevée d'un demi-pied au-dessus du parquet. Les cuisines étoient très commodes, et plusieurs en étoient fournies de foyers et de fourneaux, comme ceux qu'on emploie aujourd'hui en Italie (1).

La maison représentée dans la planche s'entre par une porte large et haute ornée en dehors de pilastres, ayant des chapiteaux curieux de l'ordre composite où l'on voit sculpté un vieux Faune qui enseigne à un plus jeune à jouer du chalumeau. Le vestibule est plus grand qu'à l'ordinaire ; elle communiquoit à-gauche avec un magasin ou boutique de vin et d'huile ; il y avoit un comptoir où étoient pratiquées des jarres, ayant leur ouverture dans le marbre. Cette circonstance fait présumer que c'étoit la coûtume, même parmi les gens de condition, de vendre en détail le vin et l'huile de leurs terres, comme celà se pratique aujourd'hui dans les villes d'Italie, et sur-tout à Florence. La cour ou » *Impluvium* » au-delà du vestibule communiquoit avec les différents appartements ; elle avoit une fontaine de singulière beauté ; c'étoit un cerf surmonté d'un jeune Hercule ; de la bouche du cerf l'eau couloit dans une conque sculptée en marbre grec : on voit ces morceaux au musée de Naples. La première chambre à-droite est supposée avoir été la bibliothèque, et plus loin un passage conduit à un second » *Impluvium* » dont les trois côtés sont entourés d'un péristyle. Deux chambres sont ici prises de la cour, en laissant entr'elles un large reduit, où se voit une des plus belles peintures à-fresque qu'on ait encore trouvé à Pompeii. Le sujet en est Diane surprise au bain par Acteon. Il y en a d'autres non moins belles mais qui ont plus souffert. La chambre à-droite est pavée du plus beau marbre

d'Afrique et les murailles sont ornées de fresques qui représentent Mars et Cupidon. Dans une niche furent trouvés une petite idole, un vase d'or ; une petite monnoie d'or et douze autres de bronze, de l'Empereur Vespasian. On découvrit dans l'autre chambre 8 petites colonnes de bronze qui appartenaient au lit. Toute la cour, ainsi que les chambres, étoient richement ornées de fresques, et dans une chambre à-gauche du premier *Impluvium* se voient des masques peints dans un panneau. A son extrémité la cour se divise, en s'étendant à-droite et à-gauche, et occupe ainsi toute l'étendue de la maison.

Près de la muraille qui forme le derrière de la maison est une terrasse ronde d'environ deux pieds de haut et dix de large qui formoit un petit jardin dans la maison même. Dans la vieille terre furent trouvés des oignons de plusieurs fleurs. Sur la muraille sont peints des arbres dans un enclos de treillis, avec des festous de fleurs et d'oiseaux au-dessus. Au bout, à-gauche, est un Triclinium avec son banc, et à l'entour sont peints des poissons et des fruits. Sur la muraille qui soutient le sol de la terrace sont quatre colonnes qui en soutenoient le toit. Auprès du Triclinium, d'un côté est le bain et de l'autre une fontaine ; le puits est à l'autre extrémité de la terrace, et le long de la muraille est pratiqué un canal pour conduire l'eau au bain. Cette maison s'étend depuis la rue consulaire jusqu'à celle qui est derrière, et un passage étroit les unit l'une à l'autre. Non loin d'ici furent trouvés quatre squelettes, avec des bracelets, des bagues, et différents autres ornements que ces malheureux avoient portés ; une tasse d'argent un vase de bronze et un candelabre furent trouvés au même endroit.

PLANCHE XIIME.

Entrée de la maison de Julius Polybius.

Toutes les maisons de ce côté de la Rue Consulaire, étant situées sur le sommet de la colline, ont plus souffert que les autres. Celle qu'on voit ici devoit être considérable, à en juger par le beau pavé en mosaïque, le vaste

---

(1) On y trouva aussi des poiles de bronze d'une forme curieuse et élégante : ils avoient 2 à 3 pieds de long sur 1 ½ de large, et à un des coins étoit un cylindre du diamètre de 6 à 8 pouces où se mettoit le feu, il y avoit aussi un reservoir pour l'eau avec un robinet. Les cuisines contenoient une grande variété de casseroles de bronze, dont quelques unes étoient argentées en-dedans ; beaucoup de formes pour la patisserie, et autres ustensiles semblables à ceux de nos jours. Tous ces objets se voient au musée de Naples où on les a transportés, et où on ne manquera pas de remarquer un vaisseau dont la rassemblance à nos urnes-à-Thé est frappante : c'est un vase soutenu par trois pieds d'animaux ; en dedans est un tube pour le fer rouge, avec un petit rebord pour empêcher les écailles de tomber dans l'eau, et il est aussi fourni d'un robinet.

péristyle (d'où on jouissoit d'une vue superbe) et les appartements qui étoient richement ornés. Le nom du locataire se voit encore à-droite de l'entrée.

La maison qui suit étoit celle d'*Acquianus*, et de l'autre côté de la rue est un grand bâtiment qu'on croit avoir servi de salle de concert. Sur les murailles de la première entrée sont peints deux serpents, et sur celles des chambres sont des instruments de musique de toute espèce. Ici la rue se partage en deux; celle à-droite n'est point encore nettoyée. Une boutique d'Apothécaire s'annonce à cet endroit par un grand serpent peint à côté de la porte, et en dedans furent trouvées des pillules et quelques autres médecines.

PLANCHE XIIIME

Boulangerie publique, avec ses moulins etc.

De toutes les boutiques de cette espèce qui ont été découvertes à Pompeii, celle-ci est la plus parfaite. Le four est construit de la même manière que ceux d'aujourd'hui, et cette boutique a l'apparence d'un bâtiment non fini, ou d'une maison qu'on répare. Il y a quatre moulins-à-blé dont la construction est très simple; ils sont de pierre volcanique, et se mouvoient par deux hommes avec de courts leviers insérés dans des mortaises. Dans les vases de terre où l'on pétrissoit le pain, furent trouvés des morceaux de pâte qu'on voit encore au musée de Portici; du froment, des figues et des Caroubes (espèce de fèves production de l'Afrique et dont se nourissent encore le bas peuple et les chevaux à Naples).

PLANCHE XIVME

Carrefour, et Entrée de la maison de Pansa.

La rue consulaire n'est déblayée que jusqu'ici où elle semble faire un angle droit et se diriger vers la porte de Nola. A l'endroit où une petite rue se détourne vers une des tours de la ville, est une fontaine bâtie de grandes pierres volcaniques. L'eau y étoit conduite par une pierre perpendiculaire sur laquelle est grossièrement sculpté un aigle emportant une brebis. Sur le devant est une entaillure pour empêcher le débordement de la fontaine, et où les taches laissées par l'eau sont si fraîches, qu'elle semble n'avoir cessé de couler que depuis quelques minutes. Derrière cette fontaine, dans un angle formé par deux rues, se voit une boutique où se vendoient l'huile et le vin, et sur laquelle est écrit le nom du locataire.

A-droite est l'entrée de la maison de *Pansa*, dont le nom est aussi écrit auprès des pilastres qui sont ornés de chapiteaux d'un très-beau travail. L'entrée est très haute, afin de donner le jour au vestibule.

Cette maison est la plus grande de toutes celles qu'on a trouvées jusqu'ici: du vestibule on entre, en montant deux dégrés de marbre, dans l'*Implavium* qui est le plus vaste et le plus magnifique de Pompeii; les chambres qui y communiquoient étoient ornées de fresques d'un beau style; mais elles avoient trop souffert pour qu'on pût les enlever. De cette cour un passage conduit à la cuisine qui est bien pourvue de foyers et de fourneaux; sur la muraille se voit un sacrifice assez grossièrement peint, et dans un compartiment au-dessous sont deux serpents qui emportent le feu de-dessus un autel. Au-delà du bord de cette peinture sont dessinés en contour: un cochon lié par le milieu du corps, une bouteille de cuir, et une grande tête de cochon. Il y a une seconde cour qui conduit à un jardin; mais les fouilles ne s'étendent pas plus loin de ce coté-là.

ENTRÉE DE LA MAISON DE PANSA.

Impluvium de la maison de Pansa.

VUE D'UNE PETITE RUE PRÈS DU FORUM.

15

PLANCHE XV.ᴹᴱ

Impluvium de la maison de Pansa.

Cette maison est la plus belle de toutes celles qui ont été jusqu'ici découvertes, et malgré qu'elle ait été plus endommagée que la plupart des autres, il n'y en a aucune qui puisse lui être comparée. Il paroit cependant, que même avant la déstruction de la ville, un changement qui a beaucoup nui à sa beauté, y avoit été fait par le propriétaire. Ses colonnes étoient d'abord d'ordre Jonique, d'un beau travail, et quoique de pierre volcanique seulement, étoient cannellées; elles ont été dans la suite couvertes d'une épaisse couche de stuc, on a laissé dehors les volutes des chapiteaux, et en y ajoutant dessous de larges feuilles, on a changé l'ordre Jonique en Composite. Cet ordre semble avoir été très en vogue chez les derniers habitants de Pompeii, puisqu'ils l'avoient adopté dans la plupart des réparations, et peut-être doit-il son origine à l'exemple que nous citons ici, ou à quelqu'autre de même nature. On a toujours cru que l'ordre composite a pris naissance à Rome, et qu'il avoit été employé pour la première fois dans l'arc de Titus; mais il est certain que cet arc ne fut bâti qu'après la déstruction de Pompeii.

PLANCHE XVI.ᴹᴱ

Vue d'une petite rue près du Forum.

L'autel qu'on voit ici, et les autres qui sont dans les différentes rues de Pompeii démontrent, que les anciens y plaçoient leurs Divinités, et appuyent la conjecture du Chevalier Hamilton au sujet du *Phallus* qu'on voit auprès de la porte d'Herculaneum. Cet autel étoit probablement dédié à Jupiter, puisque le seul ornement qu'on voit dans le fronton, est un aigle avec les ailes déployées au-dessous d'un sacrifice en bas-relief, dont toutes les figures ayant tombé, on n'en voit plus que les traces.

PLANCHE XVII.ᴹᴱ

Extrémité du Forum *de Pompeii, au S.*

La forme du *Forum* est celle d'un long parallélogramme qui s'étend du N. au S. C'est dans ce *Forum* que les habitants de Pompeii tenoient leurs assemblées publiques, toutes les fois qu'il étoit nécessaire de rassembler les citoyens, ou pour célébrer les fêtes, ou pour discuter des affaires d'état, ou pour décerner des honneurs à ceux qui les avoient mérités. Le *Forum* étoit environné de tous les côtés des plus beaux temples et bâtiments publics; des arcs de triomphe, des colonnes et des statues en ornoient l'intérieur dont le pavé étoit de marbre. Un péristyle s'étendoit des trois côtés, tandis que le temple de Jupiter en ornoit l'extrémité. D'après l'apparence des ruines de ce *Forum*, il est presque certain qu'on étoit occupé à réparer et à embellir la ville au moment qu'elle fut surprise par l'éruption du Vésuve en 79. Les colonnes qu'on voit au S. en face de la Basilique (*AA.*) paroissent tout-à-fait neuves; elles sont de pierre *travertine*, et ne sont pas finies; leurs dimensions surpassent celles des autres colonnes, qui sont de tuf couvert de stuc. L'entablement qui devoit les couronner n'est point non plus fini; on en voit les morceaux entre les colonnes, où pendant les fouilles on les a rangés assez mal-à-propos, puisqu'ils ne font que rétrécir l'espace du *Forum* qui est de lui-même assez étroit. Sur quelques morceaux de la frise on lit ce qui suit:

```
. . . . ORDIAE AVGVSTAE . . . .
DICVM . C. F.. . . VNIA FEC. . . CHALCID. . .
ET M. NVMISTR. . . . . . . FRONT . . . . . . . .
L. F. SACERDOS PVB. . . . . . . . . . . . . DECR.
DECVR . . . . . . . . . . DEDICAVIT . . . . . . . .
IDEMQ. PROBAVIT . . . . . . . .                    •
```

Des différents piédestaux un seul retient encore le marbre dont ils étoient revêtus; les autres furent endommagés par le tremblément de terre, et le

8

marbre ainsi que les statues, en furent emportés, de sorte qu'on n'en a trouvé que peu de fragments. Le piédestal dont on fait mention ci-dessus, portoit la statue de Salluste, comme nous l'enseigne l'inscription :

Q. SALLVSTIO P. F.
II VIRO I. D. QVINQ.
PATRONO D. D.

Environ au centre du *Forum* à l'O. furent trouvées deux tables de marbre qui contenoient les mesures publiques; l'un en avoit cinq trous demi-sfériques de différente grandeur, avec quatre autres plus petits dans les angles ; sur la même table étoit l'inscription suivante:

A. CLODIVS A. F. FLACCVS NARCAEVS N. F.
ARELLIANVS CALEDVS
D. V. I. D. MENSVRAS EXAEQVANDAS EX
DEC. DECR.

Ce curieux morceau a été transporté au musée ; l'autre qui lui rassemble, mais qui n'a que trois mesures, reste à l'endroit où on l'a trouvé.

En examinant le plan de la ville (PLANCHE IIme) on verra que le temple de *Vénus* occupoit une partie considérable du côté du *Forum* à l'O. et qu'à un des bouts étoit une rue qui semble l'avoir traversé ; Au S. du temple est la Basilique, et à l'extrémité du *Forum* sont trois temples, dont les murailles bien bâties en briques rouges, semblent sortir des mains des ouvriers. Ces temples étoient jadis revêtus de marbre, tant en-dedans qu'au-dehors, mais dont il ne reste aujourd'hui que quelques morceaux de la plinthe et de ses moulures. On voit dans le temple du milieu une plateforme élevée devant une grande niche, où étoit autrefois la statue de la Divinité; mais comme on n'a trouvé ici ni statue ni inscription, nous ignorons à quels Dieux ces temples étoient dédiés.

Par-dessus les murailles de la Basilique on voit la mer et la ville de *Castell-a-mare*, non loin de laquelle étoit située l'ancienne ville de Stabie où Pline le Naturaliste perdit la vie.

PLANCHE XVIIIME

Temple de Jupiter.

Ce temple, par rapport à son architecture, est un des plus beaux, après celui d'Hercule, et sa situation est la meilleure de Pompeii. Ce qui en reste nous démontre que ses proportions étoient très bonnes, quoiqu'il ne fût bati qu'en tuf revêtu de stuc. Le temple étoit élevé sur un soubassement solide d'environ 6 à 7 pieds (1) au-dessus du niveau du *Forum* ; on y montoit par un large perron qui occupoit tout le devant du portique, entre deux piédestaux qui portoient des statues colossales de marbre Grec, dont quelques fragments furent trouvés. Le portique avoit sur le devant six colonnes cannelées, avec des bases attiques, et quatre de chaque côté, avec un pilastre qui se joignoit à la *Cella*, qui avoit huit colonnes. Derrière la *Cella* étoient pratiquées trois petites chambres, dans une desquelles étoit un escalier qui conduisoit à la partie supérieure du bâtiment. Les murs de la *Cella* étoient peints à-fresque, et le pavé étoit de mosaique. Outre les fragments dont nous avons déjà parlé, on a trouvé dans le temple : une tête de Jupiter, une d'Esculape, une très belle tête de femme, et deux autres, toutes d'un beau travail. La situation distinguée de ce temple, et la tête de Jupiter qu'on y trouva, semblent prouver qu'il étoit dédié au père des Dieux. On conserve au musée Royal l'inscription suivante qui y fut trouvée.

SP. TVRRANIVS L. F. SP. N. L. PRON.
FAB. PROCVLVS . GELLIANVS PRAIF.
FABR. II PRAIF. CVRATORVM ALFEI
TIBERIS PRAIF. PRO PR. I. D. IN
VRBE LAFINIO PATER PATRATVS
POPVLI LAVRENTIS FOEDERIS EX
LIBRIS SIBVLLINIS PERCVTIENDI
CVM P. R. SACRORVM PRINCIPIORVM
P. R. QVIRIT. NOMINISQVE LASTINI
QVAI APVD LAVRENTIS COLVNTVR
FLAM DIALIS FLAM. MART. SALIVS
PRAISVL AVGVR PONT. PRAIF. COHORT.
GAITVL. TRIB. MIL. LEG. X.
LOC. D. D. D.

EXTRÉMITÉ DU FORUM

TEMPLE de JUPITER.

TEMPLE OF VENUS.

Auprès du temple de Jupiter est une espèce de salle qui paroît avoir été ouverte du côté du *Forum*; elle est terminée par un demi-cercle, et on y voit plusieurs niches où étoient autrefois des statues. C'étoit probablement une salle de justice où siégeoit un Magistrat pour juger des causes. Au S. de cette salle est un petit temple séparé du *Forum* par un vestibule étroit; le sanctuaire est élevé d'environ 4 pieds, et on y monte par un escalier des deux côtés. Le marbre qu'on y voit encore démontre qu'il en étoit autrefois entièrement revêtu. Les murailles de l'enclos étoient divisées en panneaux, dont chacun étoit surmonté d'un fronton, et il semble qu'on étoit occupé à les reparer lors de l'éruption. En face du sanctuaire se voit un petit autel bien travaillé en marbre Grec et qui a sur le devant un sacrifice en bas-relief. Non loin de ce temple vers le S. est une vaste salle qu'on est occupé à nettoyer, mais qui ne l'est pas assez pour qu'on puisse juger, à quel usage elle étoit destinée.

(1) Les Temples de Rome étoient aussi bâtis sur des soubassements élevés, comme le prouvent les fouilles faites par Madame la Duchesse de Devonshire, pour découvrir l'ancien niveau du *Forum*.

PLANCHE XIX.ᴹᴱ

Temple de Vénus.

C'étoit un des plus considérables de Pompeii, mais son architecture est fort au-dessous de celle des Temples de Jupiter et d'Hercule; il est cependant plus richement orné, et il ne manquoit que de meilleures proportions aux colonnes pour en faire le plus beau temple de la ville. Son état actuel semble être celui où l'a laissé le tremblement de terre du 63; car les dégrés qui conduisent au sanctuaire en portent encore des marques visibles. L'ancienne surface qu'on a eu soin de laisser intacte en faisant les fouilles, paroît être creuse au-dessous, et incapable de soûtenir l'autel qui s'y est enfoncé. On lit cette inscription sur l'autel :

M. PORCIVS M. F. L. SEXTILIVS L. F.
CN. CORNELIVS CN. F. A. CORNELIVS A. F.
IIII VIR. D. D. S. F. LOCAR.

L'enclos qui renferme le sanctuaire est entouré d'un Péristyle qui a 17 colonnes de chaque côté, et 9 à chaque bout, y comprises celles des angles. On voit à-l'entour de nombreux restes de piédestaux qui font présumer qu'il y avoit autrefois des statues entre chaque colonne; mais on n'en a trouvé qu'une seule qu'on a laissée à sa place. Le péristyle étoit pavé de marbre, et au-delà des colonnes étoit un autre pavé qui se terminoit par un canal pour l'écoulement des eaux. Les murailles étoient ornées de superbes peintures à-fresque, dont quelques unes sont parfaitement conservées au même endroit, et dont l'exécution feroit honneur aux meilleurs artistes modernes: puissent-elles être respectées des voyageurs ! ! Le péristyle du côté de l'E. conduisoit à une petite chambre richement peinte à-fresque en panneaux, dont quelques uns ayant souffert, on se préparoit à les restaurer. Parmi ces peintures, la plus parfaite est un Bacchus qui d'une main tient un thyrse, et de l'autre un vase, tandis que Silène joue de la lyre. Les colonnes sont Corinthiennes, mais leurs proportions sont très mauvaises; elles sont de Tuf revêtu de stuc, et leurs cannelures sont remplies jusqu'à une certaine hauteur, faisant ainsi un angle à chaque filet. Comme les colonnes du sanctuaire ont toutes disparu, il est probable qu'elles étoient de plus riches matériaux, et qu'on les a enlevées après le tremblement de terre. On a trouvé dans le Sanctuaire plusieurs fragments de statues, et entr'autres: une Vénus qui a été restaurée et mise au musée; un Hermaphrodite, et un buste en bronze avec des yeux de pâte, le tout d'un excellent travail. L'inscription suivante qui fut trouvée dans une petite chambre près du *Forum*, concourt avec la statue découverte dans le sanctuaire, à prouver que ce temple étoit dédié à Vénus.

M. HOLCONIVS RVFVS D. V. I. D. TER.

C. EGNATIVS POSTVMVS D. V. I. D. TER.

EX D. D. IVS LVMINVM

OBSTRVENDORVM IIS.

BEDEMERVNT PARIETEMQVE

PRIVATVM COL. VEN. COR.

VSQVE AD TEGVLAS

FACIVND COERARVNT.

PLANCHE XX.me

Basilique.

Les restes de ce bâtiment ressemblent tant à ceux d'une église moderne, qu'à la première vue on est tenté à croire qu'il n'appartenoit pas à l'ancienne ville, sur-tout en voyant la fraicheur des briques dont les colonnes sont composées, et qui ont perdu tout le stuc qui les couvroit autrefois. Cependant cette ressemblance nous doit d'autant moins étonner que nous savons, que les Basiliques des Anciens étoient souvent changées en églises par les premiers chrétiens, en y faisant très peu d'altération, et on donne encore le nom de Basilique aux principales églises de nos jours.

On ne peut doûter que ce ne fût ici la Basilique de Pompeii, puisque son nom y est écrit en couleur rouge, de la même manière que les noms des propriétaires sur les maisons. Ce bâtiment, par rapport à sa disposition intérieure, étoit autrefois un des plus beaux et des plus considérables de tous ceux dont la ville étoit ornée; et quant à ses proportions architectoniques, à en juger par ce qui en reste, il ne devoit céder qu'au temple de Jupiter. Il n'y a pas de doûte que cet édifice ne fût renversé par le tremblement de terre, avant la destruction totale de la ville.

Vitruve nous enseigne que l'usage de la Basilique étoit pour l'assemblée des négociants en hiver et par le mauvais tems, ainsi que pour la distribution de la justice; mais nous croyons qu'il parle plutôt des Basiliques plus modernes des Romains que de celles des Grecs, et en effet il nous cite celle à Fano qui fut bâtie sous sa direction, mais qui avoit peu de ressemblance avec la Basilique de Pompeii „ Basilicarum loca adjuncta Foris quam calidissimis „ partibus oportet constitui, ut per hyemem sine molestia tempestatum se „ conferre in eas negociatores possint: earumque latitudines ne minus quam „ ex tertia, ne plusquam ex dimidia longitudinis parte constituantur, nisi loci „ natura impedierit, et aliter coegerit symmetriam commutari. Sin autem „ locus erit amplior in longitudine Chalcidica in extremis constituantur, uti „ sunt in Julia Aquiliana. „ La *Chalcidica* dont il parle ici, a donné lieu à beaucoup de disputes, non seulement au sujet de son usage, mais de ce que c'étoit réellement. Quelques personnes sont d'avis que c'étoit le même que le *Forum*, d'autres que c'étoit un bâtiment à-part qui prit son nom de *Calcide* ville d'Eubea où il fut d'abord en usage. *Tite Live* appelle *Chalcicon* un temple de bronze dédié à Minerve, et *Cornelius Nepos*, dans la vie de *Pausanias* : „ Aedum Minervae quae Chalciacus vocatur „. Enfin on a cru que le Chalcidica étoit le lieu où on battoit la monnoie, et que son nom dérivoit d'un mot Grec qui signifie *Bronze et Justice.*

Quoiqu'il en soit de ces différentes opinions, il est probable, à en juger par les restes qui sont devant nous, que les noms de *Basilica* et *Chalcidica* étoient données indifféremment à ce bâtiment. C'est Vitruve lui-même qui fait naître cette opinion; puisqu'il nous dit très clairement que *la Chalcidica étoit située à l'extrémité de la Basilique*; ce qui prouve que ce ne pouvoit être le *Forum*; de plus on a trouvé une inscription sur la frise qui devoit couronner les colonnes du nouveau péristyle qu'on bâtissoit immédiatement en-face de la Basilique de Pompeii, (voyez PLANCHE XVII.me) qui devroit peut-être mettre fin à toute dispute à ce sujet.

La situation de la Basilique se voit dans la II.me PLANCHE; le péristyle du *Forum* y formoit un portique, d'où on entroit dans le vestibule par cinq portes, dont les jambages existent encore en partie, avec des rainures dans lesquelles les portes couloient, à la manière des herses d'un château; de ce vestibule on monte par quatre marches à la Basilique. Le plan de l'édifice est un long parallélogramme dont la largeur, par rapport à la longueur, est comme 2 à 5. Il est *hypètre* ou découvert au centre, avec un péristyle des quatre côtés, dont la pente du toit posoit sur les colonnes des murailles extérieures. C'est en quoi il diffère de tous les autres bâtiments *hypètres* de Pompeii, tels que les temples de Vénus et d'Isis, dont la pente des toits partoit des murailles et alloit poser sur les colonnes.

A l'O. la Basilique se termine par une tribune en forme de portique avec six colonnes corinthiennes. Cette tribune s'avance dans l'intérieur du bâtiment; elle est élevée de 7 pieds au-dessus du pavé, mais il n'y a point d'escalier pour y monter. L'opinion populaire est que le Magistrat s'y asseyoit, opinion d'autant moins probable, qu'immédiatement en face est un grand

BASILIQUE

PORTIQUE A L'ENTRÉE DU FORUM   THÉATRE.

piédestal de statue équestre, et que les deux colonnes du péristyle occupant
presque toute l'étendue de la tribune, l'assemblée n'auroit pu ni voir, ni en-
tendre le Magistrat. Il est beaucoup plus probable que cette extrémi-é de
la Basilique avoit été laissée ouverte, afin de donner de l'air au bâtiment,
qui, quoiqu'il fût aussi ouvert au centre, devoit en avoir besoin quand il
étoit rempli de monde.

Sous la tribune et dans le soubassement même est pratiquée une chambre, dont les ouvertures sont garnies de barres de fer : ne seroit-ce pas ici
la monnoie ou la trésorerie, et la *Chalcidica in extremis constituantur* de
Vitruve ?

PLANCHE XXIME

Forum, près du Théâtre tragique.

En suivant une petite rue qui sort du Forum, et qu'on voit dans la planche 17me, cette vue se présente. En face sont les restes des colonnes d'un
péristyle qui s'étend de la tribune, tout le long du théâtre et du *Forum
Nundinarium*, formant ainsi le côté à l'E. Sa forme est presque celle d'un
triangle, dont la base est au S.O., et qui a son angle aigu coupé. Le péristyle est continué jusqu'au milieu du côté vers le N.O.; il est ouvert au S.,
et d'ici on jouit d'une superbe vue de la mer, des îles, des montagnes,
et de la campagne voisine. Dans ce forum sont les restes d'un temple
Grec qu'on croit avoir été dédié à Neptune ou à Hercule ; il est de l'ordre
Dorique, et ses proportions sont les mêmes à-peu-près que celles des temples de Pœstum. L'escalier, quelques fragments des colonnes, et un morceau
de l'entablement sont tout ce qui reste de ce beau bâtiment, qui avoit 11
colonnes de chaque côté, et 8 à chaque bout. Un siège demi-circulaire, sem-
blable à celui du tombeau de Mammia, se voit non loin d'ici, et en face est
un petit enclos avec une division au milieu, que l'on croit avoir été le lieu
où l'on brûloit les morts, parce qu'on y trouva beaucoup d'ossements qui semblent à moitié consumés. Près de cet endroit est un puits, entouré de 8
colonnes, qui lui donnent l'apparence d'un petit temple.

19

PLANCHE XXIIME

Portique à l'entrée du Forum, près du Théâtre.

C'est ici le seul exemple où des ornements architectoniques soient employés
du côté de la rue, les maisons ne présentant de ce côté-là que de simples
murailles, et il semble que les ornements étoient reservés pour le Forum,
et l'intérieur des maisons. On voit à A.A. les pierres par le moyen desquelles
on pouvoit traverser la rue, sans descendre du trottoir.

Non loin de ce Portique fut trouvé un squelette, avec 360 pièces de
monnoie d'argent, 42 de bronze, et 8 d'or, enveloppées dans un morceau
d'étoffe de lin, aussi plusieurs vases d'argent où étoient gravés des caractères
Isiaques et la figure d'une Isis avec un casque surmonté d'une oie, et tenant
un autel, où étoit un crocodile dans l'acte d'adorer un serpent étendu sur un
autre autel. Ici furent trouvés : des tasses d'or et d'argent, un très beau
camée, plusieurs bagues avec des pierres précieuses, un bas-relief de Bacchus
et Silène, et quelques vases de bronze d'un beau travail. Comme le temple
d'Isis n'est qu'à quelques pas de cet endroit, on ne peut doûter, que le
squelette ne fût celui d'un des Prêtres de la Déesse, qui en fuyant, empor-
toit le trésor et les effets précieux du temple.

PLANCHE XXIIIME

Tribunal, ou Curia.

Ce bâtiment à été considéré comme le tribunal de Pompeii, et avec beaucoup de probabilité, car il s'accorde assez avec la description que Vitruve
10

nous a laissée des tribunaux et de leur situation (1), et avec cette inscription qui fut trouvée près du théâtre.

M. M. HOLCON RVFVS ET CELER
CRYPTAM TRIBVNAL. THEATRVM S. P.
AD DECVS COLONIAE

Ce quartier de la ville semble avoir été confié aux soins de M. M. Holcon Rufus ; l'inscription dans le temple d'Isis qui se joint à ce bâtiment nous enseigne, qu'il le fit restaurer après le tremblement de terre ; et son voisinage avec tous les autres bâtiments, dont les inscriptions font mention, ne laisse presque point de doute que ce ne fût le tribunal. Le péristyle de cet édifice court le long des deux côtés, et d'un des bouts ; l'autre bout ne présente qu'une simple muraille. Le Rostrum au milieu étoit pour l'orateur, mais il est difficile à deviner l'usage des deux bancs qui sont en face, et qui ressemblent en quelque façon à des autels. Au-delà de la muraille, derrière les colonnes, se voit la *Crypta* ou réservoir qui fournissoit l'eau à la partie inférieure de la ville.

PLANCHE XXIVME

Temple d'Isis.

Les Romains, sous les Empereurs, avoient discontinué le culte d'Isis ; mais à Pompeii il n'a cessé qu'avec la destruction de la ville, et l'inscription sui-

---

CAPVT 2. LIB. 5.

(1) Ærarum, Carcer, Curia, Fori sunt conjungenda, sed ita uti magnitudo symmetriae eorum foro repondeat. Maxime quidem Curia imprimis est facienda ad dignitatem municipii, sive civitatis. Et si quadrata erit, quantum habuerit latitudinis, dimidia addita constituatur altitudo : sin autem oblonga fuerit, longitudo et latitudo componatur, et summa composita ejus dimidia pars sub lacunariis altitudini detur. Praeterea praecingendi sunt parietes medii coronis ex intestino opere, aut altario, ad dimidiem partem altitudinis ; quae si non erunt, vox ibi disputantium elata in altitudinem, intellectui non poterit esse audientibus ; cum autem coronis praecinti parietes erunt, vox ad iis morata prius quam in aere elata dissipetur, auribus erit intellecta.

vante qu'on voit à ce temple prouve, qu'il fut rebâti après le tremblement de terre du 63.

N. POPIDIVS N F. CELSINVS
AEDEM ISIDIS TERRAEMOTV
COLLAPSAM
A FVNDAMENTIS P. S. RESTITVIT
HVNC DECVRIONES OB LIBERALITATEM
CVM ESSET ANNOR. SEXS.
ORDINI SVO GRATIS ADLEGERVNT

Depuis la découverte de ce temple on en a trouvé un autre très petit dans une maison près de l'Amphithéâtre, et qui porte les emblèmes du même culte. Le stuc en a été soigneusement ôté, et placé dans un chassis de bois ; on le voit au Musée de Portici, ainsi qu'un trépied qui y fut aussi trouvé, et dont la forme singulière pourroit faire croire, que le temple étoit plutôt dédié au Dieu des jardins. Le temple qu'on voit dans la planche est une des premières découvertes qu'on fit à Pompeii, et il est certainement un des plus intéressants monuments de l'antiquité. Le sanctuaire qui est très étroit est élevé sur une base d'environ 4 ½ pieds au-dessus du niveau de l'enclos où il est placé, et on y monte pas un escalier qui est au centre. Il y a un *Pronaos* ou avant-temple, avec quatre colonnes corinthiennes sur le devant, et trois de chaque côté ; elles sont de pierre volcanique revêtue de stuc. Dans le temple se voit à A un banc qui s'élève à 4 pieds de terre, et s'avance un peu dans l'intérieur de l'édifice ; une personne pouvoit s'y cacher par le moyen d'un escalier de derrière, et il est probable que c'est l'endroit d'où on rendoit l'oracle. Les murailles étoient ornées de peintures à-fresque, où étoient représentés l'Ibis, l'Hippopotame, le Lotus, et autres emblèmes du culte d'Isis ; on y voyoit aussi des prêtres vêtus de leurs habits sacerdotaux. Dans les niches étoient des statues de Vénus, de Bacchus, et de Priape, et des deux côtés de l'escalier étoient de petits autels en brique, où furent trouvées les deux tables Isiaques, morceaux fort estimés des Antiquaires. Le grand autel à-gauche servoit pour les sacrifices, et celui à-droite recevoit dans son creux les cendres des victimes, dont une grande quantité y fut trouvée. La petite chambre isolée près du premier autel, et où on remarque un baignoir, étoit probablement destinée aux purifications du prêtre après le sacrifice ; on y

TRIBUNAL & CURIA.

TEMPLE D'ISIS

THÉÂTRE TRAGIQUE

trouva un squelette. L'enclos où le temple est situé est entouré d'un péristyle, dont les colonnes n'ont aucun caractère marqué, puisqu'elles offrent un mélange des trois ordres d'architecture. Derrière le sanctuaire on trouva d'autres squelettes de prêtres, et auprès d'eux des os de poulet, des coques d'œuf et un vaisseau de terre; d'où on conclut qu'ils prenoient leur repos, lorsqu'ils furent surpris par l'éruption. La voûte derrière la chambre isolée communiquoit à d'autres petits appartements occupés par les prêtres; une cuisine y étoit attachée, où furent trouvés des vaisseaux de terre, un os de jambon, et des écailles de poisson. D'autres voûtes derrière le sanctuaire conduisoient à un enclos dans lequel on découvrit divers instruments de sacrifice, deux *Sistres*, deux idoles Egyptiennes, et un candelabre de bronze.

P L A N C H E XXVME

Temple d'Esculape.

Les murailles de ce temple ayant perdu tout le stuc dont elles étoient autrefois revêtues, il ne reste que très peu d'objets qui puissent intéresser les curieux. Il faut cependant excepter l'autel, qui est d'un beau travail, dans un goût excellent, et ressemble beaucoup au sarcophage trouvé à Rome dans le tombeau des Scipions, et qu'on voit au musée du Vatican. Dans le sanctuaire furent trouvés les statues d'Esculape, de Priape, et d'Hygée, emblèmes de la médecine, de la fécondité, et de la santé.

De l'autre côté de la rue, un plus au-dessous de la surface, se voit l'aqueduc construit par le Comte de Sarno pour porter l'eau à *Torre dell' Annunziata*; il traverse la ville dans toute sa longueur, passant sous le temple d'Isis. C'est en creusant pour cet aqueduc que les ouvriers rencontrerent des fondements de temples et de maisons, qui leur fournirent d'abondants matériaux pour l'ouvrage; mais ni cette découverte, ni celle de quelques inscriptions qu'on trouva au même tens, n'éveillerent la curiosité du Comte au point de le faire poursuivre des recherches, qui auroient nécessairement amené la découverte de Pompeii. Ce ne fut que quarante ans après la découverte d'Herculancum, qu'un paysan, en labourant son champ près du Sarno, trouva un trépied et quelques autres objects; ce qui porta le gouvernement à faire des fouilles qui eurent dans la suite tout le succès qu'on en pouvoit espérer.

P L A N C H E S XXVI. ET XXVIIMES

Théâtres de Pompeii.

On sait que les Anciens portèrent jusqu'à la passion l'amour des spectacles et des représentations scéniques, et à en juger par les théâtres de Pompeii, dont deux ont été découverts jusqu'ici, cette ville ne cédoit à aucune autre pour le goût des divertissements de cette espèce.

Les théâtres dont nous parlons ici, comme ceux de l'ancienne Grèce, présentent la forme d'un demi-cercle où sont les gradins ou sièges pour les spectateurs, et qui s'appelloit proprement *le Théâtre*. Les gradins étoient partagés en trois divisions appelées *Cavea*, par des passages ou corridors (*Præcinctiones* chez les Romains). Dans le théâtre tragique (voyez planche 26) la première *Cavea* existe encore en entier; elle a cinq rangs de gradins d'un beau marbre blanc, et elle étoit particulièrement reservée aux Magistrats, et autres personnes distinguées. La seconde division, qui est aussi la plus grande, étoit pour le peuple; elle est coupée par six escaliers, formant sept *Cunei*, ainsi appelés parceque chacun avoit la forme d'un coin. Derrière la *Præcintio* de la seconde *Cavea* étoit un corridor qui communiquoit avec les six escaliers; au-dessus étoient quatre rangs de gradins reservés aux femmes, et c'étoit là le seul endroit du théâtre où on étoit à-couvert. La partie du théâtre appelée aujourd'hui *Parterre*, s'appelloit *Orchestra* chez les anciens; elle étoit appropriée aux danseurs et aux joueurs de pantomimes, et là se plaçoient aussi le chœur et les musiciens. Au-delà de l'Orchestre étoit le *Proscenium* où les acteurs jouoient leurs rôles, et qui étoit élevé de trois pieds au-dessus du niveau de l'orchestre. L'espace occupé par le *Proscenium* étoit assez étroit; il étoit quelquefois planchéié, car dans le petit théâtre de Pompeii on voit encore les endroits où étoient les solives. Le *Proscenium* du grand théâtre tragique étoit richement décoré de statues, dont plusieurs

11

des piédestaux existent encore. Ce théâtre, malgré qu'il ait été dépouillé de presque tout le marbre dont-il étoit revêtu, et qu'il n'y reste plus d'ornements, porte encore l'empreinte de la grandeur, et ressemble parfaitement à celui d'Herculaneum.

Comme les théâtres des anciens, à-cause de leur étendue, avoient rarement des toits, on y suppléoit au besoin par des tendelets qui mettoient les spectateurs à l'abri du soleil. Ces tendelets étoient attachés à de longues perches fixées à la muraille extérieure (voyez planche 26) et il paroît que toutes les fois que le théâtre devoit être couvert, on avoit soin de l'annoncer dans les affiches. Nous avons déja parlé (Planche 23) de l'inscription trouvée dans ce théâtre.

Une autre inscription qu'on voit attachée à la muraille du petit théâtre semble indiquer, qu'il étoit couvert d'une manière un peu plus solide (1).

C QVINTVS C. F. VALG.
M. PORCIVS M. F.
DVOVIR DEC. DECR.
THEATRVM TECTVM
FAC. LOCAR. EIDEMQVE PROBAR.

PLANCHE XXVIIIME

Forum Nundinarium.

Dans ce Forum se tenoit un marché tous les neuf jours, et c'est ce qui le fit appeler *Nundinarium* ; son plan s'accorde assez avec celui du forum qu'on trouve dans Vitruve, s'en écartant cependant en quelques particularités ; il n'étoit pas possible que ces bâtiments se ressemblassent tous, et ils devoient naturellement varier, quant à la grandeur et à l'arrangement de leurs parties, suivant les circonstances.

____

(1) Malgré cette inscription, il est encore doûteux que ce théâtre, ou aucun autre de l'antiquité, ait été couvert *en entier*. Vitruve, en traitant des théâtres, ne donne point de règles pour la construction des toits, dont-il ne parle même pas. Peut-être cette inscription ne regarde-t-elle que ces parties du théâtre qu'on sait avoir été couvertes, comme le *proscenium*, les portiques etc.

Quand ce forum fut découvert, on crut que c'étoit le quartier des soldats Romains ; et on persiste encore à l'appeler ainsi, quoiqu'il soit établi que c'étoit le *Forum Nundinarium*. L'arrangement des boutiques est conforme aux règles de Vitruve, étant sans fenêtres, et ayant des portes très basses ; en quoi elles ressemblent beaucoup aux boutiques des *Bazars* de la Turquie. Il est probable que la prison étoit située dans ce lieu, car on y trouva un squelette attaché à la muraille par une chaine, et non loin du même endroit étoient des cuirasses et d'autres pièces d'armure appartenant aux soldats de la garde, qui les avoient sans doute jettées, pour fuir plus promptement, lors de l'éruption de la montagne. Ces armures étoient richement ornées, et le Chevalier Hamilton en parle ainsi :

» Parmi ces armures une sur-tout est très belle, ayant les principaux
» événements de la guerre de Troie admirablement bien exécutés en relief.
» Quelquesuns des casques ont des visières comme les armets des bas tems ;
» leur grandeur et leur pesanteur ont fait croire qu'on ne les avoit jamais
» portés, et qu'ils n'avoient servi que d'ornements aux trophées ; mais comme
» la découverte s'en fit dans ma présence, je puis affirmer y avoir vu très
» distinctement des morceaux de doublure, qui ont disparu dans la suite,
» mais qui ne laissent pas douter que ces armures n'aient été portées au-
» trefois. On trouva dans une des chambres une trompette de bronze, à
» laquelle étoient attachées six flûtes d'ivoire ; ces flûtes n'avoient point de
» trous pour les doigts, mais elles communiquoient avec la trompette. Une
» seule embouchure servoit à tout cet assemblage d'instruments, et une
» chaine étoit attachée à la trompette, afin de la porter plus commodé-
» ment ».

PLANCHE XXIXME

Porte de Nola.

Cette porte étoit consacrée à Isis ; sur l'arc-boutant est sculptée une tête de femme avec l'inscription suivante :

C. POPIDIIS C.
MER. TVC AAMANAPHED
ISIDY PRVPHATTED.

PORTE DE NOLA.

On peut se former une idée de la force de Pompeïi en examinant cette porte en particulier : elle est en retraite, ou pour ainsi dire, enfoncée dans des murailles impénétrables; par conséquent elle ne pouvoit être attaquée que par un petit nombre d'hommes à-la-fois, tandis que les assiégés, de tous les côtés, les foudroyoient à leur aise.

PLANCHE XXXME

Amphithéâtre.

On savoit l'existence de l'amphithéâtre de Pompeii, avant la découverte de la ville ; Tacite raconte une rixe très sanglante qui y eut lieu entre les habitants de Pompeii et ceux de *Nuceria* (aujourd'hui *Nocera*) pendant un spectacle de gladiateurs donné par Livinius Regulus. Plusieurs Nuceriens furent tués, et leurs parents se rendirent à Rome pour porter leurs plaintes à Néron. L'Empereur renvoya l'affaire au Sénat, qui bannit Regulus et condamna les habitants de Pompeii à n'avoir aucun spectacle pendant dix ans.

Cet amphithéâtre, malgré qu'il ait perdu toute la *Cavea* supérieure par le tremblement de terre du 63, est un des mieux conservés qu'il y ait en Italie. Sa construction est extrêmement solide ; c'est à quoi nous devons la conservation de la première et de la seconde *Cavea* qui existent encore, quoiqu'elles ayent été dépouillées de tout le marbre dont les gradins étoient autrefois revêtus. L'arène est encore parfaite, car étant située à quelques pieds au-dessous du niveau du sol, elle a pu mieux résister aux secousses des tremblements de terre qui ont endommagé les autres parties de cet édifice.

On est surpris de trouver un si vaste amphithéâtre dans une aussi petite ville que Pompeii, dont les habitants ne suffisoient pas pour le remplir ; il faut donc conclure que ceux des autres villes et colonies voisines étoient dans l'habitude de fréquenter les spectacles de Pompeii; et ce qui appuye cette conjecture, c'est la querelle rapportée par Tacite, et dont nous avons fait mention ci-dessus.

A l'entrée de l'amphithéâtre sont deux piédestaux qui portent les inscriptions suivantes.

C. CVSPIVS C. F. F. PANSA

PONTIF. D. VIR. I. D.

———

C. CVSPIVS. C. F. PANSA PATER D. V. I. D

III QVINO PRAEF. ID. EX. D. D.

LEGE PETRON.

Il est probable que le Pansa nommé dans la seconde inscription est le même dont nous avons décrit la maison (voyez Planche 14). Il étoit un des Duumvirs et rigide exécuteur de la loi Petronienne, qui défendoit aux maîtres de faire combattre leurs esclaves avec des gladiateurs ou avec des bêtes féroces, sans qu'ils eussent été jugés et condamnés par les autorités.

Il semble que les combats de bêtes aient été un spectacle très en vogue; sur la muraille qui entoure l'arène sont plusieurs de ces combats peints à-fresque, savoir : Un cheval effrayé par un lion ; un taureau aux prises avec un ours ; un cerf poursuivi par une lionne et un tigre qui attaque un singe. Ces fresques sont belles, mais étant exposées à l'air et à l'humidité, elles dépérissent de jour en jour.